35 questions sur la

# biodynamie

*À l'usage des amateurs de vin*

Création graphique et mise en pages: Agence Twapimoa

Crédits pour la couverture : Fotolia.com : K.-U. Häßler ; jcfotografo ; liubomirt ; stillkost ; goodluz ; mejn.



ISBN : 978-2-86985-416-1

**Antoine Lepetit de la Bigne**

Préface de
Aubert de Villaine

# 35 questions sur la biodynamie

*À l'usage des amateurs de vin*

Sang de la Terre

*« Chaque fois que vous vous retrouvez du côté de la majorité,*
*il est temps de vous arrêter et de réfléchir. »*

Mark TWAIN

# *Sommaire*

*Avec tous mes remerciements*
*à ceux qui m'ont guidé*
*sur les chemins du vin,*
*de la dégustation*
*et de la culture de la vigne :*
*Philippe Bourguignon,*
*Olivier Humbrecht,*
*Anne-Claude Leflaive,*
*Bruno Quenioux,*
*et les autres…*

# *Préface*

## PAR AUBERT DE VILLAINE

Une phrase de *35 questions sur la biodynamie* d'Antoine Lepetit de la Bigne est longtemps restée imprimée dans mon esprit, car je crois qu'il est essentiel de définir une nouvelle relation entre l'homme et le vin : « Dans notre civilisation post-industrielle et hyper-urbanisée, le vin serait-il notre dernier lien fort à la Terre[1] ? » Notre civilisation, personne ne le contredira, tend à effacer le lien ancien qui unissait l'homme à la nature. Les villes s'étendent inexorablement, les campagnes se désertifient. Et concernant les productions agricoles, elles deviennent de plus en plus technologiques, des produits fabriqués de manière industrielle, et de moins en moins l'aboutissement de ce mariage ancestral entre l'Homme et la Terre. Le vin aussi peut être fabriqué de manière industrielle, et de nombreux vins le sont. Les amateurs de vins actuels ressentent profondément cet abandon. Par conséquent, la qualité d'un vin est pour eux profondément reliée à son origine, à la terre dont il est issu. Le vin que j'ai acheté est-il une représentation fidèle de l'endroit dont il provient ? Le vigneron a-t-il été capable, comme un bon accoucheur, d'établir avec ses vignes cette relation vivante qui lui permettra d'exprimer ses qualités et son caractère à leur meilleur potentiel ?

---

1. Cf. question 3 : *Pourquoi la biodynamie se diffuse-t-elle particulièrement en viticulture ?*

Dans cette quête de la meilleure interprétation de l'origine de ses vins, le vigneron rencontrera inévitablement sur son chemin l'option biologique, viticulture biologique simple ou biodynamique, puisque ces méthodes ont pour but de permettre au terroir, c'est-à-dire au sol et à son environnement, de fonctionner à leur meilleur potentiel.

La compréhension de la biodynamie, qui par nature traite de ce qui n'est pas quantifiable, les « forces de vie » que la science ne peut pas mesurer, peser ou analyser, représente un enjeu de taille pour le grand public. Jusqu'à très récemment, elle était ridiculisée par les scientifiques. De nombreuses rumeurs circulaient concernant la dynamisation, les préparations biodynamiques, l'influence des astres... C'est pourquoi ce livre est essentiel. D'une part parce qu'il répond avec simplicité et humilité aux questions légitimes que soulève cette méthode qui à la fois fascine et trouble le public. D'autre part parce qu'il explique pourquoi des vignerons – parmi lesquels certains des plus en vue de la profession – retrouvent dans la biodynamie ce lien à la terre indispensable pour exprimer pleinement le potentiel de terroirs cultivés par la main de l'Homme depuis des siècles. Avec la biodynamie, comme ce fût le cas avant l'époque industrialisée que nous vivons, « la nature devient un livre ouvert pour ceux qui cultivent la terre avec leurs mains[1] ».

Qui, mieux qu'Antoine Lepetit de la Bigne, pouvait écrire ce livre ? Quand il s'est installé en Bourgogne, il y a quelques années, il était encore très jeune. Et mon expérience m'a montré à plusieurs reprises à quel point l'arrivée d'un regard neuf pouvait être enrichissante pour une entreprise ou une profession. Brillamment diplômé de la très prestigieuse École Polytechnique, Antoine a complété avec succès ses études scientifiques par un cursus d'ingénieur agronome et d'œnologue. Puis, toujours guidé par son esprit libre et curieux, il a choisi de pratiquer la viticulture au sein d'un domaine à l'avant-garde de cette biodynamie si souvent dénigrée par la science.

---

1. Frère Jean, *Le Jardin de la foi*, Paris, Presses de la Renaissance, 2008.

Il a assimilé tout ce que la science lui avait appris et à ce stade, il est tel ces nombreux scientifiques qui ont dédié leur vie à étudier méthodiquement la vigne et le vin et qui, après toutes ces années d'accumulation de connaissances scientifiques, savent que, pour faire un grand vin, la part de ce que nous ne comprenons pas dépasse grandement celle de ce que nous pouvons comprendre, mesurer ou analyser. L'intuition, l'observation, l'humilité et surtout la rigueur, deviennent les qualités essentielles du vigneron. Au travers des explications patientes, attentives et précises d'Antoine, ce livre nous introduit tous, amateurs de vin, vignerons, sommeliers et autres professionnels du monde du vin, aux questions fondamentales enseignées par la biodynamie. La « petite voix » de la biodynamie a trouvé son ambassadeur.

**Aubert de Villaine,**
*Domaine de la Romanée-Conti, mai 2013*

# *Avant-propos*

Cher lecteur amateur de vin,

Peut-être avez-vous déjà rencontré un vigneron ou un caviste vous ayant vanté les vertus d'un vin bio ou biodynamique, d'un vin « naturel », « minéral », « cultivé avec les forces telluriques et les forces cosmiques », « vendangé avec la Lune ».
Peut-être que, séduit par ces propos, vous avez acheté ce vin, ressenti des émotions particulières en le dégustant, ou même dormi plus sereinement après avoir bu ce vin, sans mauvaise surprise, tel un mal de crâne, le lendemain au réveil.
Peut-être avez-vous au contraire trouvé ce discours fumeux, poétique certes, mais pas sérieux et mêlé d'obscurantisme, oubliant toutes les avancées de la connaissance scientifique des deux derniers siècles ?
Ou simplement avez-vous pensé qu'il s'agissait d'une nouvelle stratégie marketing pour faire encore plus « terroir » ?

Entre 2008 et 2011, en échangeant avec des clients lors des dégustations au Domaine Leflaive et à l'École du vin et des terroirs de Puligny-Montrachet, j'ai réalisé à quel point la confusion régnait concernant la biodynamie. Bien que ce mot soit de plus en plus à la mode dans le milieu du vin, peu d'amateurs en ont une idée claire, et parfois totalement fausse. Certains n'en ont aucune idée. Ce terme de biodynamie marque fortement notre inconscient et vient en général avec un cortège d'idées reçues, surtout dans notre culture occidentale, et en France en particulier.

C'est en réponse à cette confusion que j'ai voulu écrire ce livre. Je souhaite mettre à la disposition de tous une introduction à la biodynamie qui soit à la fois courte et très accessible, aussi bien dans sa forme que dans son contenu, et qui défriche les questions que chacun peut être amené à se poser.

Mon ambition n'est pas d'explorer en profondeur la pensée de Rudolf Steiner dans ce livre. Encore moins de produire un manuel pratique de viticulture biodynamique à l'usage des cultivateurs. Il existe à ce sujet d'excellents ouvrages (dont les références figurent en bibliographie), parmi lesquels ceux de François Bouchet, Nicolas Joly et Pierre Masson.

J'ai voulu utiliser un langage clair et sans tabou, mettant à profit ma double connaissance de la pensée scientifique et de la pratique de la biodynamie en viticulture. Il s'agit de mon regard personnel à ce jour et je l'assume.

Je remercie les nombreux amateurs du monde entier qui m'ont posé les questions reprises ici et qui m'ont exprimé le besoin pour eux de pouvoir disposer de ce livre simple, parfois malheureusement simplificateur, que j'ai conçu comme une première étape vers la démystification de la biodynamie. Libre à chacun d'approfondir le sujet par la suite.

Lors de la première publication de cet ouvrage, au début de l'année 2012, un point m'a interpelé. À ma grande surprise, l'immense majorité des lecteurs ont été des professionnels du vin : vignerons, œnologues, marchands de vin, etc. Cela témoigne du besoin d'information qui existait alors, même pour certains spécialistes. Aujourd'hui, le nombre de producteurs de vin pratiquant la biodynamie continue de croître. Le nombre d'amateurs s'interrogeant à son sujet croît également. Puisse cette seconde édition offrir encore plus largement aux amateurs de vin – ou plutôt devrais-je dire, en m'inspirant du terme anglais *wine lover*, aux amoureux du vin – les fondements nécessaires à la compréhension de la biodynamie, fondements sans lesquels aucun jugement personnel à son sujet ne saurait être légitimement développé.

# QUESTION N° 1

## *Les vins biodynamiques sont-ils meilleurs que les autres ?*

Voici la grande question que se pose immanquablement tout amateur de vin dans sa quête de perfection ! Je préviens d'emblée les plus pressés que je me garderai bien d'y répondre de manière tranchée dès le début de ce livre. Je préfère au contraire proposer au lecteur une approche tout à fait *cartésienne* [☛ **QUESTION 10 : La biodynamie est-elle scientifique ?**], dans le sens suivant : « Voilà la grande nouveauté introduite par Descartes : c'est l'appel à la raison de chacun, au libre examen. Tout homme peut et doit juger de la vérité par lui-même, par ses propres lumières, au lieu de jurer sur les paroles d'un maître, quelle qu'en soit l'autorité[1]. » Au cours du voyage au cœur de la biodynamie que vous propose ce livre, chacun pourra se forger sa propre réponse à cette question, et peut-être découvrir qu'elle s'imposera d'elle-même.

Bien sûr, les pratiques viticoles biodynamiques étant plus en accord avec les lois de la nature [☛ **QUESTION 11 : En quoi la biodynamie est-elle plus respectueuse de la nature ?**], je serais tenté de dire que le raisin – matière première du vin – aura un plus grand potentiel. Mais après ? L'art du vigneron s'applique également au travail de cave, lieu où le potentiel sera révélé… ou pas [☛ **QUESTION 16 : La biodynamie s'applique-t-elle à la vinification en cave ?**) ? Et que dire de la notion de « meilleur vin » alors que nous vivons une époque où pullulent les classements et les notations des vins, nécessairement réductrices mais ô combien rassurantes pour tous les amateurs de vin qui ne peuvent pas goûter par eux-mêmes

---

1. René Descartes, *Les Principes de la philosophie*, commentaires de Victor Brochard.

(ou penser par eux-mêmes…) tous ces vins pour se faire leur idée ? Combien « d'experts » – grands ou petits – y vont de leur jugement péremptoire, avec toutes les conséquences commerciales et financières que cela entraîne pour les vignerons bien entendu ! Assurément, le critique américain Robert Parker a été le premier, ou en tout cas le plus emblématique de cette tendance. Aujourd'hui, il est pourtant vital que chacun sache s'en affranchir en redécouvrant et en assumant son propre goût, en toute subjectivité. Il me semble à ce propos que la place grandissante prise par les femmes dans le monde du vin, des vigneronnes aux consommatrices, sera le principal moteur de ce changement nécessaire [☛ **QUESTION 20 : Comment déguster un vin biodynamique ?**]. En effet les femmes sont, en règle générale, naturellement beaucoup plus ouvertes à la subjectivité et à la relativité des opinions que les hommes… Un autre moteur puissant s'appuiera sur Internet : notamment avec la place grandissante des blogs de vin où tout un chacun peut avoir une tribune pour partager son goût et ses expériences de dégustation.

Je ferai à ce stade simplement deux constats. Le premier, d'ordre général, est que les grands vignerons reconnus pour leur exigence, sont de plus en plus nombreux, en Bourgogne, en Alsace, dans la Loire et ailleurs, à faire le choix de la biodynamie.

Le second est d'ordre plus personnel. Je me surprends à ne faire entrer dans ma cave que des vins provenant presque exclusivement de vignerons que je connais personnellement, le plus souvent en biodynamie. Auparavant au contraire, étant curieux de nature, j'étais très éclectique dans mes choix, mais je me retrouve aujourd'hui avec un certain nombre de bouteilles (parfois fort bien notées par Monsieur Parker !) que je n'arrive plus à boire. Disons qu'étrangement, je ne trouve jamais l'occasion de les boire… Y aurait-il dans le vin une autre dimension de la qualité, liée à la personne qui l'a produit et au mode de culture dont il est issu ?

Partie I

# *Le culture de la vigne*

## Question n°2

# *Pourquoi la biodynamie est-elle à la mode aujourd'hui ?*

La méthode de culture biodynamique est née il y a 90 ans, issue des exposés de Rudolf Steiner en 1924 [☛ **QUESTION 31 : Que contient le cours aux agriculteurs de Steiner ?**]. Ce n'est que récemment qu'elle s'est développée dans le milieu viticole. Citons par exemple le très médiatique Nicolas Joly, qui a commencé à la pratiquer en 1980, dans son vignoble de la Coulée de Serrant, sur les bords de la Loire. En Alsace, il y eut Eugène Meyer, puis Pierre Frick. En Côte d'Or, les premiers pionniers sont Jean-Claude Rateau à Beaune, inspiré par son mentor René Bosse-Platière en Beaujolais, et qui cultive ses premières vignes en biodynamie dès 1979. Puis ce fut le tour de Thierry Guyot à Saint Romain. Ils sont rapidement rejoints par Didier Montchovet, Emmanuel Giboulot et Dominique Derain. Quelques années plus tard, en 1989-1990, plusieurs personnalités visionnaires viennent les trouver et s'intéressent à la méthode : Lalou Bize-Leroy, Dominique Lafon, Anne-Claude Leflaive, Philippe Drouhin. À leur contact, ces quelques grands domaines feront rapidement évoluer leurs pratiques, comme le Domaine Leflaive qui commence à expérimenter la méthode fin 1990. Mais à l'époque, la biodynamie n'était pas du tout à la mode, bien au contraire, et ces précurseurs ont dû faire preuve de beaucoup de ténacité pour mettre en œuvre leurs convictions malgré le regard désapprobateur et les réactions parfois hostiles de leurs voisins.

Disons, sans caricaturer outre mesure, qu'ils étaient au minimum pris pour des orignaux. Il y a encore peu de temps, l'image du bio c'était l'écolo barbu, le rebelle post-soixante-huitard, folklorique et de gauche. De quoi faire peur à une génération de vignerons souvent conservateurs, qui avaient connu l'essor des produits chimiques modernes durant les trente dernières années. Ces nouveaux produits leur apportaient beaucoup de confort sans qu'ils n'aient pris conscience de leurs limites.

Aujourd'hui, le contexte a radicalement changé. En premier lieu, le besoin d'écologie est devenu extrêmement présent dans l'ensemble des activités de notre société, que ce soit sur le plan alimentaire, industriel ou politique. Ce besoin est ressenti et partagé par une nouvelle génération de vignerons, souvent jeunes, qui n'ont plus les aprioris de la génération précédente. Ils sont en recherche de solutions « écologiquement pro » qui allient le respect de la nature et la rigueur du travail bien fait. Ils ont constaté la réussite des pionniers en la matière et souhaitent se faire leur propre opinion sur cette méthode de culture. C'est pourquoi nombreux sont ceux qui démarrent leur essai de culture bio ou biodynamique, en se disant avec beaucoup de pragmatisme qu'avec le temps ils verront bien quelle méthode de culture leurs convient le mieux. Dans les régions les plus en avance, les statistiques de croissance à deux chiffres des surfaces de vignes cultivées en bio viennent confirmer cette tendance[1].

Ce mouvement général témoigne pour moi d'une véritable tendance de fond. Je pense qu'il est très peu probable que l'on assiste à un retour en arrière dans les prochaines années. Il faut cependant bien reconnaître qu'à cette tendance vient s'ajouter un effet de mode, qui comporte aussi des excès. Il arrive à certains vignerons de s'afficher comme cultivant en biodynamie, mais utilisant de temps à autre un « petit » désherbant ou un produit fongicide chimique pénétrant… À cela, une seule réponse pour le consommateur : la certification [☛ **QUESTION 14 : Comment sait-on qu'un vin est biodynamique ?**]. Si elles sont très regrettables, ces dérives ne constituent-elles pas la rançon de la gloire, ou du moins la preuve d'une reconnaissance ?

---

1. En Bourgogne, la surface de vignes officiellement cultivées selon le respect des normes biologiques est passée de moins de 500 ha en 2001, à 2337 ha en 2011 (soit une hausse de 367 % en dix ans). Source : Observatoire régional de l'agriculture biologique en Bourgogne, 2011.

## Question n°3

# *Pourquoi la biodynamie se diffuse-t-elle particulièrement en viticulture ?*

Cela peut paraître une banalité de le dire : le vin est le produit issu de l'agriculture qui suscite le plus d'intérêt, voire de passions, au sujet de sa consommation, des qualités de ses arômes, de son goût, du plaisir qu'il procure et de ses effets sur le corps et sur l'esprit. Cet intérêt atteint un niveau tel que certains consommateurs n'hésitent pas à traverser la planète pour venir voir et toucher la terre particulière où mûrit ce raisin et rencontrer l'artisan qui l'a cultivé et vinifié. Replacé dans le contexte actuel de l'agriculture en général, c'est un phénomène tout à fait extraordinaire ! Car au contraire, dans les pays occidentaux, le modèle industriel de production, qui est né au XIX$^{e}$ siècle, s'est progressivement étendu au reste de l'agriculture. Cette tendance s'est accompagnée de son cortège de conséquences regrettables : standardisation des cultures sur un territoire pour minimiser les coûts tout en niant la diversité de nature des sols, mécanisation à outrance écartant l'homme de sa production, etc.

Le concept de standardisation de la production en vue d'une réduction des coûts s'est à l'origine développé dans l'industrie automobile (fordisme) et son application irraisonnée à l'agriculture a conduit à des inepties. Le travail de la terre enseigne au contraire l'importance de la diversité : il faut savoir s'adapter pour valoriser au mieux chaque lieu en prenant en compte la diversité naturelle. Dans notre civilisation postindustrielle et hyper-urbanisée, le vin serait-il notre dernier lien fort à la Terre ?

« Seule dans le règne végétal, la vigne nous rend intelligible ce qu'est la véritable saveur de la terre. Quelle fidélité dans la traduction (...). Elle ressent, exprimée par la grappe, les secrets du sol. Le silex, par elle, nous fait connaître qu'il est vivant, fusible, nourricier. La craie ingrate pleure, en vin, des larmes d'or[1]. »

COLETTE

Dans le vin, chacun peut goûter, ressentir et en définitive se faire sa propre expérience concernant l'impact du mode de culture sur la qualité et l'expression du terroir [☛ **QUESTION 13 : La biodynamie permet-elle une meilleure expression du terroir ?**]. Les vignerons passent un temps considérable à faire déguster leurs vins, à expliquer leur travail, autrement dit à éduquer leurs clients, qu'ils soient amateurs ou professionnels. Cette démarche répond à une forte demande de la part de ces derniers. Les produits agricoles pour lesquels il existe un tel lien entre le producteur et le consommateur sont rares. Imaginez un tel engouement pour des pommes de terre, des carottes ou des tomates ! Il me semble par conséquent que si la biodynamie se développe à cette vitesse en viticulture, elle pourra servir de pionnier, de fer de lance, d'exemple pour ouvrir une porte : celle de la prise de conscience du consommateur par rapport aux limites de l'agriculture industrielle. Rapidement, on se rendra compte que ce qui est vrai pour la vigne est vrai pour toutes les autres productions agricoles.

La viticulture a d'autant plus besoin du développement de l'agriculture biologique et de la biodynamie qu'elle est, avec l'arboriculture, la culture la plus consommatrice de traitements phytosanitaires en France, rapporté à la surface cultivée. Le vignoble champenois reçoit par exemple en moyenne 20 doses de fongicides et d'insecticides par hectare, sans compter les désherbants[2]. En effet, comme les arbres

---

1. Colette, « La vigne, le vin », *Prisons et paradis*, Le Livre de Poche, 2004.

2. Source : Étude Agreste 2006, *Enquête sur les pratiques culturales des viticulteurs*, Ministère de l'alimentation, de l'agriculture et de la pêche.

fruitiers, la vigne est une plante pérenne, plus exposée aux parasites que les plantes annuelles qui font l'objet d'une rotation des cultures. Pour être honnête, ajoutons que c'est également la culture à plus forte valeur ajoutée, ce qui fait des vignerons une cible particulièrement convoitée par les industries phytosanitaires.

Le grand public commence à prendre conscience des risques spécifiquement liés à l'utilisation intensive de pesticides en viticulture. Depuis quelques années, la publication d'études sur les résidus de pesticides dans le vin se multiplie. Plus récemment, l'affaire Giboulot a fait grand bruit dans la presse française et anglo-saxonne. Ce vigneron bourguignon a été assigné en correctionnelle pour avoir refusé d'épandre dans ses vignes un insecticide contre la cicadelle de la flavescence dorée. Or cette maladie est jugée très dangereuse pour les vignobles, et a été classée maladie de quarantaine par les services techniques de l'État. Un arrêté préfectoral avait donc rendu obligatoire le traitement insecticide préventif pour tous les vignobles du département, touchés ou non par la maladie. Bien que la décision d'Emmanuel Giboulot de ne pas épandre cet insecticide obligatoire dans ses vignes ait été motivée par une volonté de respect de l'environnement et de la santé humaine, ainsi que de conservation d'un équilibre écologique acquis pendant trente années de pratiques biodynamiques, le vigneron risquait pour ce délit jusqu'à six mois d'emprisonnement et 30 000 euros d'amende ! Or, « les délits désignent les infractions caractérisant une volonté de transgresser une norme sociale importante[1] ». L'affaire a réellement touché l'opinion publique, au point que la pétition de soutien au vigneron a recueilli plus de 500 000 signatures en moins d'un mois. Cela pourrait-il contribuer à faire évoluer la « norme sociale » française en matière d'utilisation intensive de pesticides chimiques ?

---

1. Direction de l'information légale et administrative (services du Premier ministre), publié sur le site Internet www.vie-publique.fr.

Au-delà des débats concernant les considérations techniques avancées par les partisans ou les opposants aux traitements insecticides préventifs obligatoires, l'affaire Giboulot est révélatrice d'un problème de fond de la viticulture : l'arsenal de nouvelles molécules chimiques inventées ces dernières années par la chimie de synthèse ne parvient pas à éradiquer les maladies de la vigne comme promis, à peine à les contenir. Au contraire, la pression des maladies aurait même plutôt tendance à augmenter. Et cette impasse rencontrée en viticulture semble malheureusement se généraliser à de nombreuses autres productions agricoles.

## Question n°4

# *Quelle est la différence entre biologique et biodynamique ?*

Sans entrer dans le détail de la règlementation, le bio (ou agriculture biologique), se définit pratiquement comme l'arrêt de l'utilisation d'un certain nombre de produits : désherbants, engrais de synthèse, insecticides chimiques, produits fongicides qui pénètrent dans les organes et la sève de la vigne (produits dits pénétrants et systémiques). Ce sont de manière générale des produits issus du pétrole par la chimie de synthèse, et dont on peut dire aujourd'hui – sans remettre en cause leur efficacité immédiate – que leur toxicité, ainsi que leurs effets secondaires sur l'environnement et sur la santé humaine, sont reconnus.

En simplifiant, le bio pourrait se résumer à cette définition en négatif : « Ne pas utiliser les produits les plus toxiques. » Notons au passage que l'agriculture biologique (et biodynamique d'ailleurs) laisse encore la possibilité d'utiliser certains produits jugés moins toxiques pour traiter les maladies des vignes, comme par exemple le soufre ou le cuivre [☛ **QUESTION 8 : Le cuivre est-il toxique ?**].

En ce qui concerne la biodynamie, quand je rencontre dans la cave des amateurs de vin ou bien des professionnels qui manifestement n'en ont qu'une idée très vague, j'aime leur présenter la définition simpliste suivante, en trois points clés.

Premièrement, la biodynamie est biologique et exige donc l'arrêt de l'utilisation des produits chimiques listés ci-dessus. Pour être certifié en biodynamie, il faut obligatoirement être préalablement certifié en agriculture biologique. Mais la biodynamie ne se limite pas à cela : elle demande au vigneron un changement de mentalité qu'il est parfois difficile d'accomplir.

En effet, et cela constitue le deuxième point, le vigneron en biodynamie porte un regard sur les maladies bien différent du vigneron en culture conventionnelle. Cette différence d'approche est comparable à celle qui existe entre la médecine occidentale et certaines formes de médecines traditionnelles orientales. Dans la première, on étudie la maladie pour identifier l'agent pathogène (une bactérie, un virus, un champignon, etc.), puis on étudie la biologie de cet agent pathogène pour rechercher une drogue bloquant son développement. Dès lors, quand on est confronté à la maladie, il suffit d'administrer la drogue pour supprimer la maladie, jusqu'à ce qu'elle réapparaisse (c'est le mode de raisonnement qui est notamment utilisé pour les antibiotiques). À l'inverse, en biodynamie comme en médecine traditionnelle, la compréhension des maladies propose de faire l'hypothèse que cet agent pathogène qui fait partie de l'environnement, prenons l'exemple du mildiou, vient se manifester en raison d'un déséquilibre préalable, ce qui explique qu'il se développe parfois à un niveau incompatible avec la qualité ou la quantité de récolte. Le champignon n'est donc plus perçu comme la cause de la maladie, mais comme la conséquence de ce déséquilibre plus profond. Dans ce cas, il apparaît alors beaucoup plus pertinent de s'intéresser non plus à ce qui relève du symptôme, mais directement à l'origine du déséquilibre. Lorsque l'on adopte ce point de vue, on se rend compte que pour la vigne, tout comme pour les êtres humains, les trois-quarts des déséquilibres proviennent de l'alimentation. C'est pourquoi la biodynamie s'intéresse en priorité au fonctionnement du sol (préparation 500 pour la structuration et la vitalité du sol, préparations 502 à 508 pour le compost qui viendra entretenir ce sol). Pour la vigne, seul un parfait fonctionnement naturel du sol, et en particulier de ses microorganismes si mal connus mais si précieux, permet une alimentation équilibrée et de qualité. En comparaison, les engrais minéraux si simplistes et si facilement assimilables sont à la vigne ce que le coca-cola est à l'alimentation humaine : déséquilibrant ! Toutes les autres préparations utilisées par les vignerons en biodynamie, souvent à base de tisanes de plantes dynamisées, visent à répondre aux autres déséquilibres détectés par l'observation attentive, comme le manque de vigueur ou l'excès d'humidité.

Ce deuxième point est pour moi capital pour comprendre la différence entre le bio et la biodynamie. Cette différence est peu de chose dans la mise en pratique sur le terrain, mais elle représente une remise en cause très profonde de l'ancien paradigme, ce qui nécessite une grande implication personnelle de la part du vigneron.

Le troisième point concerne l'observation et le respect des rythmes naturels, entre autres le rythme de la lune, et sera développé un peu plus loin [☛ **QUESTION 9 : Qu'est-ce que le calendrier des semis et à quoi sert-il ?**].

*Comparaison schématique des trois modes de culture*

| | MODE DE CULTURE | | |
|---|---|---|---|
| | **CONVENTIONNEL** | **BIO** | **BIODYNAMIQUE** |
| **Lutte contre les maladies** | • Produits de contact<br>• Produits de la chimie de synthèse : pénétrants (dans la plante) et systémiques (véhiculés par la sève) | • Produits de contact (à base de cuivre et soufre) | • Produits de contact (à base de cuivre et soufre) |
| **Stimulation de l'immunité originelle de la plante** | Aucune | Aucune obligatoire | • préparats biodynamiques<br>• tisanes de plantes<br>• cycles lunaires |
| **Alimentation de la plante** | Engrais minéraux (sels N, P, K) | Engrais organique | Compost avec les préparations biodynamiques |
| **Entretien du sol** | Désherbants chimiques autorisés | Désherbants chimiques interdits | Désherbants chimiques interdits |
| **Équilibre du paysage** | Aucun | Aucun | Notion d'organisme agricole |
| **Vin** | Tous intrants autorisés par la règlementation | Limitation stricte des intrants (baisse du niveau de sulfites…) | Limitation encore plus stricte des intrants et des techniques utilisées |
| **Certification** | Rien ou charte privée, ou respect du référentiel de l'agriculture raisonnée | AB | DEMETER ou BIODYVIN |
| **Gestion** | Privée | Règlementaire (UE et État) | Associative |

## Question n°5

# *Qu'en est-il de la viticulture raisonnée ?*

Dans les pays occidentaux, cela fait quelques années que la prise de conscience de la nécessité de changer nos comportements pour être plus respectueux de notre environnement et de la Terre a quitté la marginalité pour se diffuser rapidement au sein de la population. En conséquence, de nombreuses industries polluantes décident de mettre en avant de nouvelles approches censées être plus écologiques. Il devient difficile pour le consommateur de s'y retrouver et de faire la part des choses entre une évolution sincère et réelle des pratiques et un simple effet d'annonce, de la pure communication. Citons, à titre d'exemple, le « développement durable », servi à toutes les sauces. À ce sujet, je rependrai les propos de deux enseignants-chercheurs de l'université de Montpellier qui stigmatisent parfaitement ce dilemme. D'un côté, « le concept de développement durable a le mérite d'interroger la société civile, de créer des débats et peut-être de parvenir à un certain niveau de conscience des problèmes écologiques ». D'un autre côté, « cela rassure la conscience des citoyens, mais finalement, rien, ou pas grand-chose, ne change réellement : les équilibres écologiques continuent à être fragilisés, les inégalités sociales poursuivent leur progression[1] ». Dans le domaine de l'agriculture, la confusion règne également, et ce terme d'agriculture raisonnée y est pour beaucoup.

L'agriculture raisonnée est définie de manière législative et son cahier des charges, le Référentiel de l'agriculture raisonnée, se présente sous la forme d'une liste (un inventaire à la Prévert quoique moins poétique diraient certains...) de 103 exigences visant à un meilleur respect de

1. Florence Rodhain, Claude Llena, « Le mythe du développement durable », *Revue Préventique sécurité*, janvier-février 2006.

l'environnement. Mais en les regardant de plus près, on se rend compte que la majorité de ces règles relèvent du simple respect de la règlementation en vigueur depuis de nombreuses années (exemple : utiliser uniquement les produits chimiques autorisés en France), ou bien du respect de règles de sécurité élémentaires (utiliser des protections lorsque l'on manipule des produits chimiques extrêmement toxiques tels que des insecticides), ou encore du minimum de connaissance sur le sujet pour utiliser les pesticides (s'abonner à une revue professionnelle, revue probablement bien garnie en publicité pour ces mêmes pesticides...).

Personnellement, je crois à la sincérité et à la motivation de nombre des viticulteurs engagés dans cette démarche. Reconnaissons que c'est un pas qui va dans le bon sens. Le problème réside à mes yeux dans le fait que c'est un pas de fourmi, ridiculement petit au regard de l'urgence de remettre en cause des pratiques agricoles si dévastatrices pour la Terre. Je crains que les producteurs, ainsi que les consommateurs, ne se contentent de ce très modeste progrès et qu'au lieu d'être un moteur, l'agriculture raisonnée ne se retrouve être qu'un frein à l'évolution nécessaire de notre manière de cultiver.

Disons-le haut et fort : l'agriculture raisonnée n'est ni plus ni moins que l'agriculture conventionnelle, utilisant des produits chimiques, mais de manière moins irraisonnée, et commençant à prendre conscience de ses limites.

On pourrait aller plus loin et interroger la récupération de ce concept par les institutions (firmes phytopharmaceutiques, multinationales agroalimentaires, gouvernements, etc.) dans le but de préserver le statu quo et de poursuivre des pratiques totalement non durables. En effet, un certain nombre de groupes, voyant encore dans le développement du bio une concurrence à leurs propres intérêts (économiques et financiers ou intellectuels et idéologiques), cherchent à le freiner, voire à le discréditer. Tout comme le développement durable, l'agriculture raisonnée pourrait devenir l'instrument d'une appropriation quasi-exclusive de la production écologique par quelques multinationales qui occupent le terrain médiatique grâce à leurs gigantesques moyens de communication. C'est un risque tout à fait réel.

# Question n°6

## *Comment lutter contre les maladies de la vigne ?*

Pour répondre à cette question, il me faut repartir sur un des points clés évoqués pour définir la spécificité de la biodynamie par rapport à l'agriculture biologique [☛ **QUESTION 4 : Quelle est la différence entre biologique et biodynamique ?**]. En biodynamie, le regard porté sur la maladie est différent. Il fait l'hypothèse que l'agent pathogène (champignon, insecte, bactérie…) n'est qu'un symptôme, car il viendrait s'installer sur une cause antérieure, un déséquilibre préalable. La notion de lutte contre la maladie doit donc être remplacée par une nouvelle logique de prévention et correction des déséquilibres. Selon cette logique, la réduction des déséquilibres amoindrirait la pression des maladies et renforcerait la capacité de résistance des vignes, comme pour des individus en bonne santé.

Or, la première source de déséquilibre pour une vigne est précisément le cumul des agressions par les produits chimiques de traitement. Quel paradoxe ! Ce sont ces produits censés protéger la vigne qui sont à la longue responsables de l'aggravation de sa sensibilité aux maladies. D'où le cercle vicieux de l'agriculture chimique : les produits chimiques entraînent plus de maladies qui entraînent à leur tour une augmentation de la fréquence et de la puissance (donc de la toxicité) des traitements, etc. Faire le premier pas hors de cette logique est souvent difficile, car le vigneron craint la prise de risque qui en résulte : il lui faut se libérer des produits chimiques, qui sont un fil à la patte. C'est l'étape la plus critique, dite la phase de conversion, qui dure trois ans, et pendant laquelle il doit redoubler de vigilance. En effet l'équilibre ne se remet en place que progressivement.

Revenons à la logique de prévention des déséquilibres. La grande majorité des préparations utilisées en biodynamie sont réalisées à partir de plantes. Ces plantes sont généralement infusées dans l'eau, puis diluées et éventuellement dynamisées dans un plus grand volume d'eau [☛ **QUESTION 12 : Qu'est-ce qu'une dynamisation ?**], avant d'être pulvérisées dans les vignes par aspersion à la main ou au tracteur. Le principe de ces tisanes de plantes dynamisées pourrait être comparé à celui de l'homéopathie : il s'agit d'une quantité de plantes relativement diluée et dynamisée. Ces préparations n'agissent pas à un niveau quantitatif comme les produits chimiques, mais sur un autre plan que l'on pourrait qualifier d'énergétique, en tout cas sur un plan non décrit par la science actuelle.

Il faut bien comprendre en effet que le raisonnement qui guide le choix de ces préparations n'est pas d'ordre scientifique. C'est un raisonnement de type analogique, ou symbolique. Dans la logique scientifique, on analyse les chaînes de causalité, les liens de cause à effet. Puis, partant du principe que les mêmes causes produisent les mêmes effets, on décortique et comprend les mécanismes d'action de telle ou telle molécule. Le raisonnement analogique ou symbolique laisse au contraire une grande part à l'intuition et à la perception globale des phénomènes, sans s'intéresser au détail des mécanismes [☛ **QUESTION 10 : La biodynamie est-elle scientifique ?**].

Prenons l'exemple de la tisane de prêle, très fréquemment utilisée en biodynamie. La prêle est une petite plante qui pousse généralement dans des sols très humides mais qui, étonnamment, conserve une pousse très mesurée malgré cette grande ressource en eau. Sa structure, très aérée, est composée de tiges et de feuilles contenant énormément de silice et ressemblant à des aiguilles dures et apparemment sèches. Disons pour fixer les idées que c'est l'opposé d'une autre plante d'eau, le nénuphar, qui au contraire fait de larges feuilles rondes et n'a même pas la structure pour résister à la gravité. Une rapide observation montre donc qu'une des qualités essentielles de la prêle est de réussir à très bien gérer l'excès d'eau, tout en restant sèche et en maîtrisant sa pousse. C'est cette qualité de la plante que le vigneron cherche à transmettre à la vigne lorsqu'il pulvérise la tisane. C'est pourquoi elle est souvent utilisée au cours de printemps humides. La prêle guide la vigne, et lui montre en quelque sorte comment éviter une pousse exagérée liée à cet excès d'eau, ce qui aurait pour conséquence une forte augmentation de la sensibilité au mildiou. Bien sûr, ce n'est pas tout d'avoir de l'intuition, encore faut-il vérifier par le test de la pratique que cette idée fonctionne. C'est le cas pour la prêle, qui est utilisée par un grand nombre de vignerons.

En complément de cette démarche d'amélioration de l'équilibre de la plante et du lieu, la grande majorité des vignerons en biodynamie continuent à utiliser du cuivre et du soufre. Bien que ces deux produits ne soient pas issus de la chimie de synthèse et qu'ils soient moins toxiques et déséquilibrants que les autres, je considère qu'ils font toujours partie de l'ancienne logique de lutte contre une maladie. Le cuivre étant principalement utilisé contre le mildiou et le soufre contre l'oïdium – je parle ici du soufre pulvérisé sur la vigne et non pas du soufre utilisé en cave pour sulfiter les vins, qui sera traité plus loin [☛ **QUESTION 17 : Le vin biodynamique est-il sans soufre ?**]. Même si ces vignerons se donnent des objectifs de réduction du cuivre et du soufre de plus en plus stricts, leur utilisation repose sur une logique quantitative, c'est-à-dire en adaptant la dose au niveau de pression de la maladie.

Notons tout de même que certains vignerons, certaines années, sur certaines parcelles, arrivent à cultiver leur vigne sans aucun cuivre ni soufre. Ces expériences constituent pour moi le principal sujet de recherche en viticulture actuellement et pour les années à venir.

## Question n°7

# *La pollution des parcelles voisines pose-t-elle problème ?*

Cette question est probablement celle que l'on me pose le plus fréquemment. Et pour cause, cela se justifie, notamment lorsque l'on voit le morcellement des vignes en Bourgogne et dans d'autres régions comme l'Alsace. À titre d'exemple, le domaine Zind-Humbrecht en Alsace exploite environ 40 ha de vignes répartis en une centaine de parcelles. On est loin des châteaux viticoles du Médoc avec plusieurs dizaines d'hectares d'un seul tenant. N'est-ce pas un peu illusoire de penser pouvoir cultiver bio lorsque les propriétaires voisins utilisent des pesticides de synthèse en pulvérisation sur les vignes ainsi que des désherbants en aspersion sur le sol ? Surtout si l'on rappelle qu'en Bourgogne, la largeur entre deux rangs de vigne est seulement d'un mètre.

Et bien, en pratique ce n'est pas un réel problème. En effet, avec les moyens modernes de pulvérisation dont sont équipés les tracteurs, les produits ont très peu de dérive. Les désherbants restent sur le sol visé, mais ensuite ruissellent en surface ou percolent dans les nappes phréatiques. Les produits pulvérisés sur le feuillage contaminent un peu le rang qui borde le voisin, mais rarement plus loin de manière significative. Evidemment, cela n'est malheureusement pas le cas lorsque les bonnes pratiques de pulvérisation ne sont pas respectées : pulvérisation par fort vent, ou bien lorsque les produits sont épandus par hélicoptère. Heureusement ces cas sont minoritaires.

De plus, quel que soit le produit utilisé, il y a toujours un petit pourcentage qui se vaporise dans l'atmosphère ou ruisselle dans les rivières. Cette pollution résiduelle peut se répandre assez loin : de plusieurs centaines de mètres à plusieurs dizaines de kilomètres. Le monde dans lequel nous vivons, l'eau, l'air, sont pollués, particulièrement dans les zones à forte activité humaine. Il serait aujourd'hui absurde de vouloir cultiver en absence totale d'exposition à la pollution, à moins de vouloir vivre sous une cloche de verre.

Enfin, les vignes cultivées en biodynamie sont d'autant moins sensibles à cette petite pollution résiduelle qu'elles n'ont pas été déstabilisées par l'exposition régulière à de grandes quantités de produits chimiques. Comme je le l'expliquais précédemment [☛ **QUESTION 4 : Quelle est la différence entre biologique et biodynamique ?**], la biodynamie ne se contente pas d'arrêter les produits polluants. En travaillant en accord avec les forces du vivant, elle vise à cultiver des plantes avec le meilleur équilibre possible. Ces plantes sont donc plus à même de résister par elles-mêmes à ces petites perturbations. À la rigueur, ce sont plutôt les rangs du voisin qui profitent de l'effet positif des préparations biodynamiques. Et quand je dis qu'en pratique, le mode de culture des voisins pose rarement problème, je précise qu'il est généralement possible de distinguer la différence de mode de culture entre deux vignerons au rang près. Cela se voit à la couleur du feuillage, à l'allure générale de la plante et à l'aspect de la terre.

Cependant, pour être tout à fait honnête, je dois confesser que j'ai tout de même l'intuition que le mode de culture des voisins n'est pas complètement sans incidence sur la santé des parcelles de vignes biologiques et biodynamiques. À ce jour, le mode de production très majoritaire reste l'agriculture conventionnelle, avec son lot de conséquences en termes de pollution, de déséquilibres et de maladies. Par conséquent, l'environnement, à grande échelle, est assez déséquilibré. Les plantes étant généralement malades quand leur environnement l'est, c'est probablement une des raisons pour lesquelles un grand nombre de domaines en biodynamie sont toujours confrontés à la pression des maladies, et par conséquent doivent encore utiliser du cuivre et du soufre. Dans des régions assez avancées comme la Côte de Nuits ou la Côte de Beaune, j'ai bon espoir que d'ici dix à vingt ans, la viticulture biologique et biodynamique devienne majoritaire. La pollution résiduelle sera alors en forte diminution et peut-être les vignerons pourront-ils ainsi se passer complètement de cuivre et de soufre.

## Question n°8

# *Le cuivre est-il toxique ?*

On entend souvent ce reproche fait aux viticulteurs bios par leurs détracteurs : les bios devant se passer des produits chimiques de synthèse, ces derniers seraient obligés d'utiliser en remplacement de grandes quantités de cuivre pour lutter contre les maladies, le mildiou en particulier. Le cuivre, métal lourd, s'accumulerait alors dans les sols et sa toxicité serait responsable d'une pollution de l'environnement encore plus grave que celle qui est due aux produits chimiques de synthèse.

Cette remarque doit être prise au sérieux car la toxicité du cuivre est réelle à forte dose. Il y a quelques décennies, il n'était pas rare de voir des vignerons sulfater annuellement avec des doses de bouillie bordelaise équivalentes à plus de 10 kg de cuivre métal par hectare. Aujourd'hui, le cahier des charges de l'agriculture biologique fixe une limite maximale de cuivre à 6 kg/ha/an en moyenne sur 5 ans. Certaines associations de producteurs en biodynamie sont plus ambitieuses : le cahier des charges Demeter vise 3 kg/ha/an en moyenne sur 5 ans. Ces vignerons sont conscients des limites du cuivre et en recherche permanente pour réduire au minimum son utilisation. Mais pour moi, utilisé raisonnablement, le cuivre ne peut pas être comparé aux pesticides de synthèse en termes de nuisibilité.

Premièrement, le cuivre est un produit dit de contact, c'est-à-dire qu'il reste à la surface, à l'extérieur des feuilles et du raisin. Il forme une sorte de barrière qui freine les attaques du champignon responsable du mildiou. Au contraire, les fongicides chimiques sont pour leur part généralement des pénétrants ou des systémiques. Les produits pénétrants, comme leur nom l'indique, pénètrent dans les cellules de la plante et vont y agir au niveau biochimique. Les systémiques vont encore plus loin dans l'intimité de la plante, puisqu'ils pénètrent jusqu'à la sève et de là vont se répandre dans l'ensemble des organes, raisins et racines compris. On comprend bien que leur efficacité soit supérieure à celle du cuivre. Leur potentiel de déséquilibrage de la plante également. De plus, le cuivre, en tant que métal lourd, est éliminé après le pressurage, lors de l'opération de débourbage, alors que les produits de synthèse peuvent laisser une trace au niveau biochimique dans les cellules du raisin, et être présents dans le vin. La différence pour le consommateur est donc de taille.

Deuxièmement, il faut remarquer que le cuivre est utilisé en général sous forme de sels minéraux, par exemple le sulfate de cuivre. À très faible dose, c'est un oligo-élément indispensable à la vie, ce qui n'est pas le cas des produits chimiques. Par exemple, chez l'homme et les mammifères, qui sont régulés par le foie, le cuivre intervient dans la fonction immunitaire. Il est stocké, puis excrété via la bile, ou distribué vers les organes. On parle ici de doses de l'ordre de quelques mg/kg. Ses propriétés anti-infectieuses étaient déjà connues et utilisées dans l'Égypte antique. On l'utilise toujours pour ses vertus assainissantes dans un certain nombre de cas : toitures ou gouttières lorsque l'on veut récupérer l'eau de pluie, les tuyauteries, ou les bassines à confitures. En effet, même à dose modérée, il est toxique pour les microorganismes, par exemple le mildiou, et par conséquent il gêne également la vie microbienne dans le sol. Tout est une question de dose.

Faisons un rapide calcul. Soit un hectare de vigne, 10 000 m$^2$, recevant une dose moyenne de 3 kg de cuivre par an. Supposons que ce cuivre se retrouve intégralement dans le sol. Le volume de terre, pour un sol d'une profondeur moyenne de 50 cm est de 5 000 m$^3$/ha. La densité d'une terre végétale est de l'ordre de 1 200 kg/m$^3$ (nettement plus pour une terre bourguignonne riche en argile et en calcaire), soit environ 6 000 t/ha. Selon ces hypothèses, l'apport de cuivre serait équivalent à 0,5 mg/kg. Soit une concentration relativement compatible avec le vivant. Claude Bourguignon, grand spécialiste de la microbiologie des sols, estime d'ailleurs qu'un sol fonctionnant correctement peut éliminer par remétabolisation de l'ordre de 1 à 3 kg/ha de cuivre par an, en fonction de la nature du terroir.

Pour cette problématique comme pour tout, c'est une question de mesure. Je pense pour ma part que dans la plupart des domaines viticoles en biodynamie, les doses de cuivre utilisées sont compatibles avec le maintien d'un sol vivant – ce que prouve d'ailleurs l'observation de leurs terres – et mille fois préférables à l'utilisation des produits chimiques de synthèse.

## Question n° 9

# *Qu'est-ce que le calendrier des semis et à quoi sert-il ?*

Le calendrier des semis est l'outil utilisé par les vignerons en biodynamie pour travailler avec les rythmes du cosmos. Publié chaque année par le Mouvement de culture biodynamique, il est le fruit des travaux de Maria et Matthias Thun[1] au sujet de l'influence de la Lune et des planètes sur la culture des plantes.

C'est un des points importants de la biodynamie : le vigneron ne cultive pas simplement sa petite parcelle de terre dans son coin. Il fait partie d'un ensemble plus vaste dont il peut percevoir les influences et qu'il est intéressant de connaître pour pouvoir les prendre en compte. Il participe à un terroir, à un climat, et plus largement à une région, à la planète Terre, au système solaire, et plus généralement à ce que les anciens appelaient le cosmos.

Cette idée selon laquelle les planètes dans le ciel pourraient nous influencer est en général difficile à accepter au premier abord, surtout en occident. Hormis dans quelques cas, comme par exemple l'influence de la Lune sur les marées, la science actuelle n'explique pas, et donc n'accorde aucune valeur, à beaucoup d'autres influences décrites dans de nombreuses traditions. Mais, même dans notre société, de nombreuses personnes sont interpellées par cette approche qui est souvent ce qu'on retient de la biodynamie : « Ah oui, vous cultivez avec la Lune ! » Pour ceux qui ne conçoivent pas ces influences des planètes,

1. Le calendrier des semis est le fruit des travaux de Maria et Matthias Thun, ainsi que de leurs collaborateurs. Maria Thun, née en Allemagne en 1922, est décédée le 9 février 2012.

comme si elles étaient capables nous envoyer un petit rayon, je propose de faire l'hypothèse suivante. Supposons que l'on fasse partie d'un environnement plus large, qui nous baigne tous et dont les rythmes et les cycles nous influencent tous, planètes comprises. Ces dernières, telles les aiguilles d'une horloge, seraient nos points de repères pour lire ces cycles, dont la connaissance permet d'anticiper l'influence probable.

Pour comprendre ces cycles, encore une fois la biodynamie fait appel au raisonnement symbolique. Chacun perçoit par exemple de manière évidente les cycles liés au Soleil : le rythme des heures au sein de la journée, et celui des saisons au sein de l'année. Ceux de la Lune sont à l'origine de la durée de nos mois. Les deux principaux rythmes lunaires sont le cycle Lune croissante-décroissante, et le cycle Lune montante-descendante.

Le premier est le plus connu car il correspond à l'alternance de la pleine Lune et de la nouvelle Lune. L'influence de ce cycle est facile à percevoir : autour de la pleine Lune, son influence et forte, alors qu'autour de la nouvelle Lune, son influence est faible. C'est-à-dire qu'il s'agit d'une alternance très marquée dans l'intensité des forces lunaires, que l'on peut symboliquement rapprocher des alternances jour-nuit pour le soleil.

À la différence, le rythme Lune montante-descendante oriente la direction d'action des forces lunaires. On peut faire l'analogie avec le rythme annuel du soleil. En Lune montante, la Lune est de plus en plus haute dans le ciel, tout comme de Noël (solstice d'hiver) à la Saint-Jean (solstice d'été) le Soleil au zénith est de plus en plus haut dans le ciel. C'est une forme de mini-printemps : les forces vont de l'intérieur vers l'extérieur. C'est l'extériorisation, l'expansion, la croissance. Au contraire, en Lune descendante, c'est un mini-automne : les forces vont de l'extérieur vers l'intérieur, favorisant la contraction, l'intériorisation, la mise en réserve pour le futur. La biodynamie utilise beaucoup cette alternance de l'expansion et de la contraction, de l'extériorisation et de l'intériorisation, de la croissance et de la limitation, de l'inspire et de l'expire. Par exemple, une herbe coupée en Lune montante pourrait avoir tendance à croître plus vigoureusement et donc à repousser plus vite. Coupée en Lune descendante, elle repousserait au contraire plus lentement[1].

Une troisième influence de la Lune est très utilisée et mentionnée dans le calendrier des semis. Il s'agit des jours fruit, racine, fleur ou feuille. En quelques mots, ces influences sont déterminées par la position de la Lune dans le ciel par rapport aux constellations du zodiaque. Ce sont des périodes qui durent de un à trois jours, particulièrement favorables au développement d'une des quatre parties de la plante. On aura intérêt à réaliser les opérations de culture les plus importantes (semis, labour, passage de préparation biodynamique, récolte, etc.) en fonction de la partie à favoriser pour la consommation. Par exemple, en jour feuille pour les salades, en jour racine pour les radis, et bien sûr en jour fruit pour la vigne cultivée pour ses raisins. C'est l'influence de ce troisième rythme que les travaux de Maria Thun ont principalement contribué à mettre en avant.

Les influences de ces rythmes sont importantes et tout à fait possible à observer pour peu qu'on y prête attention. Il est donc intéressant d'en avoir conscience et de les utiliser. Mais attention, il ne s'agit pas d'oublier tout le reste : la bonne agronomie, le savoir-faire paysan. Il serait aberrant de labourer en jour fruit si la terre est trop humide ou trop sèche : le résultat serait catastrophique. Inutile également de vendanger sous la pluie, même s'il s'agit d'un jour fruit très favorable. Pour moi, les éléments du calendrier des semis sont importants à prendre en compte et permettent un travail plus fin, plus en accord avec la nature. Mais il ne faut pas leur donner plus d'importance qu'ils ne doivent en avoir. Ils restent un élément de décision parmi d'autres : à chacun de hiérarchiser les priorités. C'est encore ce qui fait le savoir-faire et le talent du vigneron !

---

1. Ce qui est valable pour la pousse de l'herbe semblerait s'appliquer également à celle des cheveux.

Il existe plusieurs calendriers publiés. Tous partent des mêmes données astronomiques mais la spécificité de chacun réside dans l'interprétation et la hiérarchisation des influences astrales qu'ils proposent. Outre le *Calendrier des semis* du Mouvement de culture biodynamique, citons l'*Agenda biodynamique* publié par Pierre Masson.

## Question n°10

# *La biodynamie est-elle scientifique ?*

Quand on parle de biodynamie à certains scientifiques professionnels, professeurs ou chercheurs, on observe souvent une réaction de rejet quasi-épidermique, plus ou moins violente. À l'inverse, face au discours des scientistes, certains biodynamistes ont parfois des réactions au moins aussi hostiles.

À ce titre, j'ai moi-même pris conscience de cette fracture il y a quelques années. J'arrivais tout juste à l'école d'agronomie de Montpellier où, alors simple amateur de vin, je reprenais des études de viticulture. Le jour de la rentrée, alors que les éminents professeurs s'étaient réunis pour nous présenter leur programme, le professeur de viticulture conclut son exposé sur le ton de la plaisanterie : « Et bien sûr, nous ne parlerons pas dans ces murs de la biodyn… Ah non ! Pas de sorcellerie ici. » La réflexion fut suivie d'un grand éclat de rire. Le message était clair. Faisant confiance au principe de Descartes selon lequel afin de se libérer des préjugés du passé il fallait mettre en œuvre le doute méthodique – principe selon lequel il faut douter de tout et rester ouvert aux alternatives tant que l'on ne peut avoir de certitude fondée sur sa propre expérience uniquement, et surtout ne pas croire sur parole un maître, ni s'approprier ses opinions, quelle que soit son autorité –, je me promis d'explorer rapidement cet autre mode de culture[1].

1. René Descartes, *Méditations métaphysiques*, 1641. Première méditation, sur le principe cartésien du doute méthodique : « Ce n'est pas d'aujourd'hui que je me suis aperçu que, dès mes premières années, j'ai reçu quantité de fausses opinions pour véritables, et que ce que j'ai depuis fondé sur des principes si mal assurés ne saurait être que fort douteux et incertain ; et dès lors j'ai bien jugé qu'il me fallait entreprendre sérieusement une fois dans ma vie de me défaire de toutes les opinions que j'avais reçues auparavant en ma créance, et commencer tout de nouveau dès les fondements, si je voulais établir quelque chose de ferme et de constant dans les sciences. »

Personnellement, je suis intimement convaincu qu'il n'y a aucune antinomie entre la pratique de la biodynamie et la démarche scientifique. Ayant moi-même une connaissance à la fois du monde scientifique et de la biodynamie, je souhaite exposer au jugement du lecteur quelques éléments de réflexion afin de réconcilier les deux camps.

Disons-le d'emblée, la biodynamie n'est pas scientifique. En tout cas pas dans le sens d'appliquer le raisonnement scientifique qui ne reconnaît de vérité qu'à ce qui peut être démontré par la logique scientifique, comme c'est le cas en mécanique ou en biochimie. Cette logique scientifique s'appuie généralement sur des mesures précises, objectives et quantifiables, et met en évidence la chaîne des liens de causalité. Au contraire, la biodynamie laisse une grande place au raisonnement intuitif de type analogique ou symbolique, en général plus utilisé par les artistes et les poètes. Un exemple de raisonnement symbolique serait : « Cette fleur est jaune, donc elle me fait penser au soleil, et le soleil réchauffe, donc en cas de manque de soleil, cette plante peut me donner des qualités réchauffantes. » Même si c'est un peu caricatural, je l'accorde. C'est ce type de raisonnement qu'utilise le vigneron quand il prépare une décoction de prêle pour lutter contre le mildiou : la prêle, plante maîtrisant parfaitement l'excès d'eau dans le sol, va transmettre à la vigne une part de cette qualité, et par conséquent aider celle-ci à éviter une pousse excessive en cas de conditions humides [☛ **QUESTION 6 : Comment lutter contre les maladies de la vigne ?**].

Il est important de comprendre que ce sont donc deux modes de raisonnement totalement différents, avec leur logique propre. Il me semble tout aussi absurde de vouloir à tout prix appliquer la logique de l'un pour juger de la pertinence de l'autre, que de penser que l'un est plus valable ou supérieur à l'autre. Bien sûr, dans notre société occidentale, et particulièrement en France, nous avons très fortement développé le mode de raisonnement scientifique qui nous a apporté tout le progrès technique que nous connaissons. À tel point qu'aujourd'hui, hors de la science il ne semble plus y avoir de vérité ! Mais, ne gagnerions-nous pas tous à développer à la fois ces deux pôles de notre pensée ?

Notre société n'en serait que plus équilibrée. Remarquons au passage que cette distinction s'apparente à l'idée que l'on se fait des qualités généralement attribuées au cerveau gauche et au cerveau droit : analyse, quantification, organisation, pour le cerveau gauche ; intuition, sensibilité, imagination, pour le cerveau droit.

Cette opposition entre le cerveau gauche et le cerveau droit, bien que simplificatrice, mériterait de larges développements qui feront peut-être l'objet d'un chapitre dans un prochain ouvrage. Cependant, je voudrais ici ouvrir une parenthèse et donner quelques précisions sur l'état actuel des connaissances sur le fonctionnement du cerveau[1]. L'observation de son activité au cours des processus de pensée et de perception sensorielle semble indiquer que l'hémisphère gauche a un rôle privilégié dans la pensée réfléchie, le discours phonétique, le traitement des hautes fréquences (autrement dit les détails). Quant à l'hémisphère droit, il serait préférentiellement à l'œuvre pour l'élaboration de la pensée analogique, l'imagination, les basses fréquences (autrement dit les formes globales). Cette pensée analogique, de type subliminale, serait dix à vingt fois plus rapide (20 ms) que la pensée réfléchie de l'hémisphère gauche (>300 ms). Malheureusement, aujourd'hui le principal moyen d'expression de la pensée est le langage écrit ou parlé, moyen d'expression lent et limité par rapport à la vitesse et la puissance de la pensée analogique, et qui ne s'est probablement imposé qu'assez récemment sur l'échelle de l'évolution humaine, avec la généralisation de l'enseignement de l'écriture et de la lecture. C'est pourquoi, nous ne devrions pas négliger la puissance de la pensée analogique de l'hémisphère droit, développée pendant les longs millénaires de l'évolution humaine qui ont précédé la pratique généralisée de l'écriture.

Je conclurai cette parenthèse en citant une lettre d'Albert Einstein, qui avait une grande préférence pour la pensée visuelle qu'il jugeait à la fois plus simple et plus puissante, à un de ses confrères mathématicien :

---

1. Georges Rieu, *Pourquoi notre cerveau droit présente un très grand déficit cognitif et comment lui redonner sa puissance* ?, Conférence congrès *Quantique Planète* novembre 2013, Reims.

« Les mots du langage tels qu'ils sont écrits ou parlés ne me semblent jouer aucun rôle dans le mécanisme de ma pensée. (…) Les mots n'interviennent que dans un second stade[1]. »

La biodynamie s'intéresse à la vie des plantes et des animaux. Dans ce domaine, le raisonnement analogique peut être d'une grande puissance et d'une grande rapidité. La biodynamie considère que les lois physiques ne suffisent pas, à elles seules, pour comprendre toute la subtilité du vivant. Il y aurait d'autres forces, non directement accessibles à nos cinq sens, et donc non mesurables, mais avec lesquelles il est important de travailler en agriculture. Rudolf Steiner écrivait ainsi : « Il faut tenir compte non seulement des phénomènes matériels (…), mais surtout des causes spirituelles qui se trouvent derrière la matière. Si l'on voit quelqu'un lever la main, ce mouvement peut prêter à deux sortes d'observations. On peut étudier le mécanisme du bras et du reste de l'organisme et vouloir décrire ce mouvement tel qu'il se déroule physiquement. Mais on peut aussi diriger le regard de l'esprit vers l'âme de la personne concernée, et vers ce qui forme dans l'âme l'impulsion de lever la main[2]. »

En d'autres termes, si la science actuelle se concentre sur l'étude des phénomènes physiques et les décrit parfaitement, elle est limitée en ce qui concerne la compréhension des forces de la vie. C'est cette dimension supplémentaire que la biodynamie cherche à formaliser et à introduire dans l'agriculture.

1. Albert Einstein, Lettre au professeur Jacques Hadamard, 1944.

2. Rudolf Steiner, *La Science de l'occulte*, Édition Triades Poche, 2005, p. 126 (traduction de Henriette Waddington et Katarina Appel).

## Question n°11

# *En quoi la biodynamie est-elle plus respectueuse de la nature ?*

La réponse à cette question découle du constat selon lequel l'agronomie conventionnelle ne comprend pas les lois subtiles qui régissent le vivant et la nature. Elle ne s'intéresse qu'à ce qui concerne ses aspects physiques, les plus matériels : la mécanique, la chimie, etc. Étymologiquement, agronomie vient de *agros*, le champ, et *nomen*, la loi. Autrement dit, elle est celle qui impose sa loi à la terre. C'est pourquoi la lutte chimique contre les maladies est vouée à l'échec. Les solutions qu'elle propose sont souvent contre-nature, et aucune issue ne semble à long terme possible, à part aggraver la situation.

La biodynamie porte au contraire dans son étymologie un grand intérêt aux forces subtiles qui se cachent derrière la matière. Originellement, en allemand, l'agriculture bio-dynamique se dit « agriculture biologique et dynamique ». Au terme biologique, qu'il n'est plus besoin d'expliquer, s'ajoute le mot dynamique, de dunamis, la force. C'est-à-dire qu'en plus d'être biologique et de refuser tout produit opposé au vivant, la biodynamie étudie et utilise les forces et les lois du vivant. Si ces forces ne sont malheureusement pas mesurables, leurs effets sont observables. Les utiliser au mieux est le but de tous les préparats biodynamiques et des tisanes dynamisées.

## Question n° 12

# *Qu'est-ce qu'une dynamisation ?*

Cette question délicate touche au plus profond de la biodynamie. Expliquer la dynamisation est pour moi un exercice difficile dans la mesure où je ressens encore le besoin d'approfondir ce sujet, à propos duquel j'ai encore des choses à explorer et à expérimenter. Néanmoins, je vais tenter de vous transmettre ma compréhension actuelle de la dynamisation.

Un des principes de la biodynamie suppose en effet que le monde environnant n'est pas constitué uniquement de matière, mais également de forces et de principes structurants, dont la réalité n'est pas directement accessible aux cinq sens. Par conséquent, il est plus efficace, surtout lorsque l'on traite du vivant comme dans l'agriculture, de travailler à la fois avec la matière (chimie et mécanique classique) et avec ces forces et ces principes. La dynamisation est une étape clé pour travailler avec ces éléments subtils. Remarquons au passage l'étymologie commune de biodynamie et dynamisation, venant du grec *dunamis*, la force.

Faisant référence à ce principe, certains préfèreront parler d'énergie. En biodynamie il sera plutôt question de plans éthérique et astral. Pour simplifier, j'emploierai ici le terme générique d'« information » pour désigner le fait qu'une substance matérielle est porteuse d'une information en rapport avec une force ou un processus particulier.

En dehors de l'agriculture biodynamique, la dynamisation est employée en particulier pour la préparation des médicaments homéopathiques, à chaque étape de dilution.

## ✪ Fonctions de la dynamisation

En tout premier lieu, la dynamisation consiste en un brassage énergique, généralement effectué à partir d'une petite quantité de substance informée dans un volume d'eau. À première vue, il s'agit donc d'un effet de mélange et d'homogénéisation d'une solution diluée. Mais au-delà de ce simple effet quantitatif, il s'agit avant tout d'une transmission d'information, d'une imprégnation énergétique, qui se fait à plusieurs niveaux.

Au premier niveau, il s'agit de libérer l'information portée par la substance diluée et de la transmettre à l'ensemble du volume d'eau, afin de démultiplier son effet et de pouvoir l'épandre sur une grande surface. On va par exemple utiliser quelques grammes de préparation de silice de corne (préparation 501) dans un volume d'eau de quelques dizaines de litres (2 à 4 g dans 30 à 100 L d'eau) pour traiter un hectare de culture. À l'issue de la dynamisation, on obtient une eau informée par la préparation 501, qu'il convient de pulvériser dans les deux ou trois heures qui suivent. On comprend donc l'importance de la qualité de l'eau requise pour une bonne dynamisation. Le vigneron recherchera d'une part une eau exempte de polluants dissous (chlore, résidus de pesticides, etc.), mais également une eau vivante, c'est-à-dire bien réceptive à l'information. C'est pourquoi nombreux sont ceux qui utilisent de l'eau de pluie pour leurs dynamisations.

Au second niveau, et cela est plus subtil, des informations de tout l'environnement vont s'imprégner dans l'eau lors de la dynamisation. Il s'agit des éléments physiques en rapport direct avec l'eau et de l'ambiance du lieu, qui doivent donc être choisis avec soin : cuves de dynamisation en cuivre ou en grès, absence de pollutions électromagnétiques, etc. En biodynamie, l'environnement fait également référence à la configuration cosmique du moment (position du Soleil, de la Lune et des planètes par rapport à la Terre). La dynamisation prend une certaine durée, généralement une heure, et cette configuration cosmique va également s'imprégner lors du brassage. C'est pourquoi le moment de la dynamisation est choisi avec soin par le vigneron (début ou fin de journée, Lune descendante ou montante, jour fruit).

À un troisième niveau, l'influence de la pensée humaine s'imprègne également. Ce point touche à l'importance primordiale de la pensée et à son action sur la matière et le vivant. La dynamisation devrait être réalisée en conscience par le vigneron, c'est-à-dire en étant conscient de ce qu'il est en train de faire, des raisons de ses actes ainsi que des buts recherchés, pleinement attentif et concentré. À ce sujet, je vous invite à lire l'interview d'Anne-Claude Leflaive par Sylvie Augereau parue dans la *Revue du vin de France* de février 2010, elle y explique l'importance de cocooner les vendangeurs afin qu'ils soient de bonne humeur et que cette bonne humeur se transmette au raisin[1].

L'influence de l'homme, par son attitude et ses pensées, est certainement bien plus grande que ce qu'on a tendance à lui prêter aujourd'hui dans notre société occidentale. J'ai pu remarquer que les orientaux sont culturellement plus sensibles à cette idée.

## ❂ Types de dynamisation

La dynamisation pratiquée en agriculture biodynamique consiste à brasser l'eau en un mouvement circulaire rapide afin de former un tourbillon, ou vortex. Une fois le vortex bien formé, on brasse en sens inverse, ce qui a pour effet de créer un chaos, puis de générer un vortex dans l'autre sens. Cette alternance rythmique de vortex et de chaos, symbolisant respectivement une densification et une structuration de la matière selon un ordre, puis une dissolution et une désorganisation, est à relier avec les anciens principes alchimistes *coagula* et *solve.*

---

1. Sylvie Augereau, Grand entretien avec Anne-Claude Leflaive, *Revue du vin de France*, n°538 février 2010, pp. 8-12.

La dynamisation peut être effectuée à la main (avec le bras ou au moyen d'un bâton) pour de petits volumes, ou avec une machine pour de plus grands volumes. Les vignerons utilisent couramment des dynamiseurs avec des cuves de 150 à 300 L et la dynamisation dure en général une heure. Pour la petite histoire, lorsque Rudolf Steiner a réalisé la première démonstration de dynamisation, il s'est servi de sa canne et d'un seau d'eau.

Il existe de nombreuses autres méthodes de dynamisation, parmi lesquelles la dynamisation par succussion, qui consiste à secouer l'ensemble du récipient, beaucoup utilisée par les laboratoires homéopathiques, et la dynamisation par circulation du liquide dans des conduites ou des vasques qui créent des courants et des tourbillons particuliers. Ces dispositifs, appelés vasques vives, sont des récipients sculptés selon des proportions bien particulières, donnant à l'eau qui les traverse des mouvements en boucle simple ou en huit.

## Question n°13

# *La biodynamie permet-elle une meilleure expression du terroir ?*

Revenons un instant sur ce concept de terroir, tellement utilisé en viticulture, et toujours aussi débattu. Ce mot français n'existe pas vraiment dans les autres langues, et surtout pas dans la langue anglaise. Les universitaires cherchent depuis trente ans à conceptualiser scientifiquement ce terme, avec plus ou moins de succès. À la vérité, c'est un terme au cœur riche et aux contours particulièrement flous. C'est pourquoi tout le monde le comprend, mais personne ne peut l'expliquer parfaitement.

Voyons au moins ce que contient le cœur de ce concept : un lieu, un endroit de nature, une terre, sous un ciel, sur laquelle pousse une plante, un goût, le « goût de la terre » comme dirait Colette, un artisan, un homme qui cultive cette plante sur cette terre, qui observe, qui goûte et qui ressent.

Bien sûr, ce que nous propose l'agronomie moderne est très utile, à savoir la compréhension des compositions physiques (granulométrie, porosité, etc.) et chimiques (nutriments, oligoéléments, etc.) du sol. Mais rappelons-nous qu'en Bourgogne, par exemple, nos analyses sophistiquées actuelles ne nous permettent pas de faire mieux que les anciens, les moines qui ont si justement délimité les climats bourguignons pendant des siècles. Aujourd'hui nous ne pouvons que reconnaître qu'ils avaient raison sans pour autant comprendre comment ils sont parvenus à ces résultats. Comment faisaient-ils ? Peut-on parler d'énergie du lieu ou de l'importance de la roche-mère souterraine, comme le fait la géobiologie ? Les orientaux parlent bien du chi de la terre…

En tout cas, il me semble que la notion d'expression du terroir recouvre l'idée d'un geste juste, réalisé par le vigneron en accord avec le lieu dans lequel il est, la plante qu'il cultive et la nature. Dans cette optique, il m'apparaît que l'agriculture chimique, qui nie cette recherche de justesse au plus près du naturel, est largement inconsciente de cette dimension. Du point de vue de l'expression du terroir, elle serait même fausse. La biodynamie, au contraire, est pour moi la méthode de culture la plus avancée actuellement dans cette recherche de justesse, notamment par les dimensions supplémentaires qu'elle propose de respecter dans sa compréhension de la nature.

Il est difficile de savoir exactement comment le terroir se traduit par un goût, une sensation particulière dans le vin. Mais au moins les éléments suivant en constituent des points clés :

- L'alimentation de la plante par ses racines nécessite le meilleur fonctionnement possible du sol. Seul le respect de sa vitalité et de sa richesse microbiologique est garante de la pérennité à long terme de ses propriétés physiques et chimiques. Cela semble être une évidence, malheureusement l'agronomie chimique l'a largement oublié.

- La recherche de la meilleure santé et du meilleur équilibre général de la plante. L'harmonisation des déséquilibres potentiels passe par l'arrêt des pesticides chimiques, puis par l'utilisation des préparations et tisanes de plantes.

- L'équilibre naturel des raisins à la vendange (sucre, acidité, arômes, tanins, etc.) rend inutile toute la panoplie de l'œnologie moderne visant à corriger le vin dans la cave. Toute correction réduit nécessairement la fidélité au terroir.

- Les populations de levures indigènes naturellement présentes dans chaque parcelle peuvent jouer leur rôle primordial pendant la fermentation, lors de laquelle se révèle le goût du terroir. De ce point de vue, les processus en jeu lors des fermentations restent largement mystérieux et ne se limitent pas à la transformation biochimique des sucres en alcool. Remarquons simplement que les différences entre deux terroirs sont beaucoup plus évidentes dans le vin fini que dans le raisin.

Sur ces quatre points au moins, il me semble évident que la biodynamie est la méthode de culture qui permet le plus de fidélité dans la recherche de l'expression du terroir dans le vin.

# Partie II

# *La vinification*

## Question n° 14

# *Comment sait-on qu'un vin est biodynamique ?*

Depuis le milieu des années 2000, la biodynamie est à la mode dans le monde du vin. On observe actuellement un phénomène fort intéressant : alors qu'il y a vingt ans les vignerons en biodynamie étaient considérés comme des marginaux, aujourd'hui c'est devenu pour certains un argument de marketing, avec le risque que le discours dépasse parfois ce qui est réellement pratiqué dans les vignes. Les plaquettes publicitaires sont de plus en plus nombreuses à faire référence au respect de la Terre, à la Lune, au cosmos… Comment l'amateur de vin peut-il connaître le type de culture réellement pratiqué par le vigneron ?

C'est à cela que sert la certification : déclarer ce que l'on fait et faire contrôler que l'on fait bien ce qu'on a annoncé. Concrètement, des associations de producteurs en biodynamie, comme Demeter ou Biodyvin, rédigent des cahiers des charges que les vignerons s'engagent à respecter pour être certifiés. Les vignerons qui souhaitent être certifiés en biodynamie adhérent à l'association et s'engagent à respecter le cahier des charges. Puis, chaque année, ces associations mandatent un organisme indépendant, citons par exemple la société Ecocert, chargé de contrôler que les vignerons ont bien respecté le cahier des charges. Par la suite, elles remettent annuellement au vigneron un certificat de culture en biodynamie, que ce dernier peut montrer à ses clients. Le producteur peut également décider d'utiliser la marque de l'association (Demeter ou Biodyvin) en l'apposant sur l'étiquette de la bouteille. En définitive, il s'agit du même procédé que pour obtenir la mention AB, à la différence près que pour le label bio, le cahier des charges est défini par l'État et l'Union européenne.

La biodynamie, en tant que technique d'agriculture, ne concerne au départ que la culture du raisin. C'est pourquoi, comme pour le bio, on trouvait jusqu'à très récemment sur les bouteilles la mention « vin issu de raisins cultivés en biodynamie ». Or, la règlementation bio a évolué depuis 2012 et permet aujourd'hui de certifier le vin et plus seulement le raisin.

### ✪ LA RÈGLEMENTATION BIO

Ces nouvelles règles de vinification, entrées en application au 1er août 2012, s'articulent autour des points suivants1 :

- L'utilisation d'ingrédients agricoles 100 % bio (raisin, sucre, alcool, moût concentré rectifié) ;
- Des restrictions ou interdictions sur l'utilisation de certains procédés physiques ;
- Le respect d'une liste restreinte d'additifs et auxiliaires œnologiques ;
- Des restrictions sur le niveau de sulfites dans les vins commercialisés.

Le vigneron doit respecter ces exigences pour pouvoir prétendre à la mention « vin bio », et n'a plus la possibilité de faire certifier uniquement les raisins, comme c'était le cas jusqu'en 2011. La mention « vin issu de raisins de l'agriculture biologique » n'est plus utilisable à partir du millésime 2012.

1. Source : association interprofessionnelle SudVinBio.

Concernant la biodynamie, les associations de certification Demeter et Biodyvin demandaient depuis déjà de nombreuses années à leurs adhérents de respecter une charte de règles minimum concernant la vinification. Ces règles visent à prolonger en cave le respect de la matière première naturelle en excluant les pratiques œnologiques les plus violentes [☛ **QUESTION 16 : La biodynamie s'applique-t-elle à la vinification en cave ?**]. Aujourd'hui, les cahiers des charges de la biodynamie certifient le vin, en s'appuyant sur le cahier des charges du vin biologique (puisque le vin biodynamique doit obligatoirement être préalablement certifié biologique), mais en étant encore plus restrictifs dans les règles imposées.

Dans la pratique, un nombre non négligeable de vignerons qui font référence à la biodynamie comme mode de culture ne sont pas certifiés, et ce pour diverses raisons. Certains pratiquants de longue date sont totalement réfractaires à tout contrôle extérieur et à toute démarche administrative supplémentaire. D'autres ne cultivent en biodynamie qu'une partie de leurs vignes. D'autres encore profitent simplement de l'effet de mode commerciale et le prétexte de vouloir conserver leur liberté d'action sert parfois à couvrir des pratiques culturales non autorisées par le cahier des charges.

Pour l'amateur qui ne peut vérifier par lui-même les pratiques viticoles, la seule garantie reste la certification.

## Question n°15

# *Quelle est la différence entre Demeter, Biodyvin et Renaissance des appellations ?*

Ces dernières années, le rapide développement de la biodynamie au sein de la viticulture a favorisé la naissance de plusieurs regroupements de producteurs. En France, référence mondiale pour la viticulture de terroir, trois structures principales parlent actuellement au nom de la biodynamie : Demeter, Biodyvin et Renaissance des appellations, avec le risque de confusion qui s'en suit.

Il faut savoir que dès l'origine, le mouvement biodynamique a été très structuré et centralisé autour des organes officiels depuis le Goetheanum en Suisse, avec en particulier l'utilisation de la marque Demeter depuis 1928 pour faire reconnaître ses produits auprès des consommateurs. Aujourd'hui, une association mondiale, l'International bio-dynamic association (IBDA), fédère tous les mouvements d'agriculture biodynamique du monde. Il existe également, en parallèle, un réseau d'associations nationales, Demeter, chapeauté par Demeter-International et regroupant actuellement 16 pays, dont Demeter-France. Leur fonction est de rédiger le cahier des charges, d'organiser les contrôles certifiant du respect des règles de la biodynamie, et d'utiliser commercialement la marque Demeter sur les produits certifiés. Concrètement, Demeter est l'organisme certificateur qui garantit officiellement aux consommateurs le respect des bonnes pratiques biodynamiques pour toutes les cultures agricoles, y compris la vigne. Pour des raisons pratiques, Demeter délègue l'organisation du contrôle à une société privée dont c'est le métier (comme par exemple Ecocert), et qui vérifie généralement en même temps l'application du cahier des charges de l'agriculture biologique. Demeter-France a son siège à la Maison de la biodynamie à Colmar.

Le Syndicat international des vignerons en culture bio-dynamique (SIVCBD), dit Biodyvin, est une autre association de producteurs, créée en 1996, à la suite d'une scission au sein du mouvement de culture biodynamique. À l'époque, certains puristes de la biodynamie reprochaient régulièrement aux vignerons de ne pas respecter à la lettre tous les principes de la biodynamie, et notamment celui d'organisme agricole, en raison de leurs domaines en monoculture et de l'absence d'animaux. Sachant qu'à l'époque les cotisations à l'association étaient en rapport avec les revenus des producteurs et que les vignerons étaient de loin les plus gros contributeurs, on peut comprendre que certains n'aient pas supporté les critiques récurrentes. Un petit groupe de domaines, emmenés par le producteur alsacien Marc Kreydenweiss et le conseiller François Bouchet, décide donc de créer un syndicat spécifique à la viticulture, ayant son propre cahier des charges et sa propre certification sous la marque Biodyvin. Celui-ci regroupe donc exclusivement des vignerons cultivant en biodynamie et partageant la même philosophie : une recherche d'excellence dans la qualité des vins ainsi que le respect de l'expression du terroir. Les nouveaux membres sont acceptés uniquement s'ils partagent cette exigence qualitative. Pour cette raison, Biodyvin est également un lieu d'échanges techniques entre des vignerons élitistes, ainsi qu'une garantie pour le consommateur en associant biodynamie et grand vin de terroir. Tout comme Demeter, Biodyvin délègue l'organisation du contrôle à la société privée Ecocert.

Depuis plusieurs années déjà, Demeter et Biodyvin travaillent chacun à la rédaction d'un cahier des charges recouvrant également le travail de cave [☛ **QUESTION 16 : La biodynamie s'applique-t-elle à la vinification en cave ?**].

Quant au troisième groupe, l'association Renaissance des appellations, il a été créé plus récemment, en 2001 par le grand vigneron d'Anjou pionnier de la biodynamie, Nicolas Joly, célèbre pour sa verve et pour ses écrits[1]. Cette association a pour but la promotion de la biodynamie, et de manière plus générale d'une certaine philosophie du vin de terroir, se basant sur la recherche de la plus grande authenticité en viticulture ainsi qu'en cave. Cette promotion passe essentiellement par l'organisation de salons à destination des professionnels (importateurs, sommeliers, cavistes, etc.) et des amateurs du monde entier, afin de peser sur les marchés. Renaissance des appellations est ainsi plutôt une vitrine commerciale de la biodynamie, et ne s'occupe pas directement de certification ou de contrôle des pratiques de ses adhérents. Ces derniers devraient donc tous être préalablement certifiés soit par Demeter, soit par Biodyvin.

Aujourd'hui, le succès grandissant de la culture biodynamique risque d'entraîner l'utilisation abusive de ce terme, le marketing et la communication devançant parfois les réalités agricoles. Je me souviens avoir vu en 2009 dans la Revue du vin de France, une pleine page de publicité pour un producteur affichant la « culture biodynamique » comme argument commercial, alors que celui-ci n'était pas certifié. À ce sujet, je vois potentiellement deux niveaux de dérive s'installer.

Premier niveau, la biodynamie « recette de cuisine », où le producteur suit aveuglément ce que recommandent les livres ou un conseiller, mais sans compréhension profonde et surtout sans conviction personnelle. Second niveau, la biodynamie « Canada Dry » qui en a la couleur sans pour autant en être : proclamer haut et fort que l'on pratique la biodynamie, et ne pas exclure d'utiliser discrètement du désherbant chimique quand l'année est trop compliquée. En un mot, la biodynamie sans honnêteté.

Dans ces conditions, il est difficile pour les amateurs de savoir avec certitude ce qui se passe dans les vignes et de distinguer la biodynamie authentique de ses contrefaçons.

---

1. Nicolas Joly, *Le Vin du ciel à la terre*, Paris, Éditions Sang de la Terre, 2007.

Contrairement à l'agriculture biologique, la biodynamie n'a pas d'existence ni de définition reconnue et encadrée par l'État ou l'Union européenne. Par conséquent la seule possibilité actuelle de protection reste le recours à une marque privée. C'est ce qu'a fait Demeter en déposant les termes *bio-dynamie* en français et *biodynamic* en anglais comme marque commerciale. Mais il faudrait encore que l'association décide d'attaquer un producteur peu scrupuleux pour faire jurisprudence et assurer le respect du dépôt de sa marque. Cela n'étant pas dans ses habitudes, il revient à chaque consommateur de se renseigner sur le réel mode de culture. Avis donc aux amateurs, et surtout aux journalistes dont le rôle est de mettre à la disposition du public des informations fiables !

À tout le moins, l'appartenance du vigneron à l'un de ces trois groupes devrait suffire à garantir au consommateur son engagement sincère et qualifié dans la pratique biodynamique.

## Question n°16

# *La biodynamie s'applique-t-elle à la vinification en cave ?*

La biodynamie en tant que méthode d'agriculture, concerne ce qui ce passe dehors, dans la parcelle de vigne. Comme pour l'agriculture biologique, son cahier des charges s'appliquait à l'origine uniquement à la production du raisin [☛ **QUESTION 14 : Comment sait-on qu'un vin est biodynamique ?**]. Mais depuis 2009, Demeter et Biodyvin, les deux organismes certificateurs, demandent également à leurs adhérents de respecter un cahier des charges de vinification, encadrant le travail du vigneron depuis la vendange jusqu'à la mise en bouteille. En quoi peut donc bien consister ce cahier des charges, dans la mesure où ni Rudolf Steiner ni ses successeurs du mouvement anthroposophique n'ont donné de consignes structurées concernant la transformation des aliments en général et du vin en particulier ? J'utiliserai dans la suite le singulier car, en pratique, les cahiers des charges de Demeter et de Biodyvin sont quasiment identiques, sauf à rentrer dans un niveau de détail qui n'intéresse que le technicien.

Le cahier des charges de la vinification a pour objectif de garantir au consommateur le maintien et l'amélioration de la valeur qualitative de l'aliment, et plus généralement le respect au cours de la vinification de toutes les qualités issues de la culture biodynamique. Dans la théorie, il vise l'idéal d'« un vin issu de raisins biodynamiques, sans aucun ajout pour la vinification, l'élevage et la conservation ». Dans la pratique, tout comme pour le vin bio, il se contente d'encadrer et de restreindre l'utilisation des techniques œnologiques modernes, et donne une liste limitative des additifs et auxiliaires autorisés : ajout de sulfites limité (un peu…), interdiction de l'ajout de levures industrielles, interdiction de l'acidification, limitation de la chaptalisation, encadrement du collage et de la filtration entre autres exemples. En bref, cela ressemble fort pour moi à la définition en négatif du bio : interdire les pratiques chimiques et physiques les plus violentes, déséquilibrantes, voire nocives [☛ **QUESTION 4 : Quelle est la différence entre biologique et biodynamique ?**]. Cela va donc de soi : on ne voudrait pas détruire en cave tout le travail fait à la vigne !

J'aimerais cependant faire trois remarques concernant ce cahier des charges qui me laisse sur ma faim. Pour commencer, le débat concernant l'autorisation ou non de certaines pratiques continue d'agiter les vignerons avec une certaine intensité, même parmi les plus anciens pratiquants certifiés. Citons par exemple la chaptalisation, que certains considèrent non naturelle parce qu'en modifiant l'équilibre initial des raisins, elle neutralise l'effet des millésimes et ne respecte pas le terroir. D'autres estiment au contraire que l'ajout de sucre de canne bio en quantité modérée pendant la fermentation (afin d'augmenter la teneur en alcool du vin) est positif. L'alcool servant de support pour démultiplier les forces naturelles présentes dans le raisin, cette technique permettrait d'améliorer significativement le potentiel de garde d'un vin, tout en s'intégrant harmonieusement dans sa structure. Ce débat n'est pas encore tranché.

Ensuite, des cas de dérogation sont prévus pour la plupart des pratiques encadrées (acidification, chaptalisation, levurage, sulfitage, etc.). Dans ces conditions comment rester crédible ? Cette crédibilité est d'autant plus entamée que l'on peut trouver des exemples de vignerons, tels Pierre Overnoy ou Marcel Lapierre, ayant vinifié ce « vin idéal » (sans aucun ajout) généralement en dehors de toute référence à un cahier des charges.

Enfin, ce cahier des charges, parce qu'il dessine une définition en négatif de la vinification, à travers une liste de pratiques interdites, ne peut donc constituer pour moi qu'une première étape. La seconde devra proposer un développement de techniques réellement biodynamiques pour la cave : utilisation des rythmes cosmiques (Biodyvin y fait une rapide allusion dans son cahier des charges), développement des dynamisations en vinification, eaux informées, techniques de bioénergie, etc. Un petit nombre de pionniers utilisent et expérimentent dans ce sens depuis déjà un certain nombre d'années. Espérons que ce savoir-faire se diffusera prochainement.

Si l'on garde à l'esprit la conception anthroposophique de l'aliment : nourrir la vie du corps certes, mais également la vie de l'âme et celle de l'esprit, il apparaît naturel que la biodynamie doive s'intéresser également à la transformation du fruit récolté. Toutefois, ce domaine reste encore relativement inexploré. Prenons garde à ne pas trop brider les initiatives par un carcan à la rigidité trop précoce.

## Question n°17

# *Le vin biodynamique est-il sans soufre ?*

J'aimerais commencer par apporter une rapide précision afin d'éviter toute confusion entre le soufre employé à la vigne et le soufre employé à la cave.

Le premier est utilisé comme anticryptogamique, pour lutter en particulier contre l'oïdium, et se présente soit sous forme pulvérulente (soufre à poudrer), soit sous forme encore plus fine (micronisée) : soufre mouillable à pulvériser en phase liquide. Ce soufre adhère pendant quelques jours aux feuilles de la vigne et, en se sublimant, libère des vapeurs qui interfèrent avec le métabolisme du champignon.

Le second est utilisé pour stabiliser les vins. On parle alors de sulfite. Celui-ci est obtenu par la combustion du soufre brut qui dégage un gaz appelé le dioxyde de soufre ($SO_2$), comme la combustion des molécules carbonées dégage du dioxyde de carbone ($CO_2$). Ce gaz étant irritant et incommode à utiliser directement, on le dissous généralement dans de l'eau pour obtenir des sulfites ($H_2SO_3$). C'est cette solution aqueuse qui peut alors être ajoutée au vin par le vigneron lors de la vinification, de l'élevage, et de la mise en bouteille. C'est bien entendu uniquement de cette seconde utilisation que je parlerai ici.

Quelles sont les propriétés qui rendent les sulfites si indispensables ? C'est un remarquable conservateur qui protège le vin contre les deux risques majeurs auxquels il est confronté au cours de sa vie : les déviations microbiologiques et l'oxydation par l'oxygène de l'air. Le $SO_2$

est en effet à la fois antiseptique (antibactérien et antifongique selon la dose) et antioxydant. Cependant, utilisé à trop forte dose, il peut entraîner de sérieux désagréments.

### ✪ Les désagréments des sulfites

• **Pour le vin :**
Il peut bloquer totalement l'expression aromatique et durcir la bouche. Difficile alors de parler de l'expression du terroir car le soufre sent toujours le soufre, que l'on soit à Sancerre ou en Nouvelle-Zélande.

• **Pour le consommateur :**
Attention, maux de tête garantis !

En biodynamie, le cahier des charges de vinification cherche à prévenir l'utilisation excessive d'additifs qui viendraient réduire les énergies initiales du raisin : en particulier l'utilisation des sulfites. L'objectif est de donner au vin la dose juste, en fonction de son besoin réel. C'est un véritable travail d'artisan, qu'il faut effectuer au cas par cas : vin par vin, millésime par millésime. C'est pourquoi il est totalement impossible d'énoncer une règle générale, et les cahiers des charges se contentent de fixer une limite maximale, plus contraignante que la loi. Mais entre deux vignerons en biodynamie on trouvera de grandes différences dans les quantités de sulfites ajoutés, certain arrivant même à s'en passer régulièrement.

L'Association des vins naturels est un regroupement de producteurs et d'amateurs partageant une recherche commune autour de la vinification sans soufre, d'où la norme très sévère affichée. Ils sont pour la plupart naturellement favorables au bio et à la biodynamie, mais comme ils ne s'imposent pourtant aucun contrôle ni aucune certification concernant la culture de la vigne, il appartiendra à chacun de leur faire confiance ou pas.

### ❂ Exemple de teneurs maximales en $SO_2$

À titre indicatif, voici les teneurs maximales en $SO_2$ total en fonction des différents cahiers des charges en 2011. Je prends l'exemple d'un Bourgogne blanc : vin blanc sec avec un élevage long en fût.

- Règlementation générale (européenne) : < 200 mg/L
- Règlement européen vin bio : < 150 mg/L
- Demeter : < 90 mg/L, dérogation possible : < 140 mg/L
- Biodyvin : < 135 mg/L
- Association des vins naturels (AVN) : < 40 mg/L

Pour résumer, un vin biodynamique n'est pas synonyme de vin sans soufre. Certains pionniers montrent la voie, au prix parfois d'une prise de risque très importante. De nombreux excellents vignerons en biodynamie, en particulier des producteurs de grands blancs, reconnaissent qu'ils ne seraient actuellement pas capables de produire régulièrement des vins aussi fins, minéraux et fidèles à leur terroir, en se passant totalement de soufre.

## Question n°18

# *Un vin biodynamique vieillit-il bien ?*

Je viens d'aborder la question du soufre, directement liée à celle de la conservation. Si pour la plupart des vignerons la pratique de la biodynamie, ainsi que la recherche de diminution des doses de sulfites, correspond à la quête d'une plus grande authenticité, de plus de fidélité au terroir, d'un meilleur respect des énergies naturelles du raisin et du vin, alors nous pouvons en attendre un niveau de vitalité et d'énergie supérieur lors de la mise en bouteille.

Normalement, un vin en biodynamie sera donc vivant, plus vivant qu'un vin en culture chimique. Par conséquent, il sera aussi plus sensible aux conditions environnantes lors de son stockage : qu'elles soient favorables ou défavorables. En premier lieu, la température. Tous les amateurs le savent, mais en pratique, ils sont peu nombreux à y accorder une réelle importance. Rappelons qu'un vin biodynamique sans soufre ajouté doit impérativement être conservé à une température stable et inférieure ou égale à 15°C. Idéalement une cave garantissant un vieillissement harmonieux doit avoir une température de 12°C +/- 2°C. Rares sont les caves de cette qualité et, pour la plupart, il faudrait se limiter à un stockage temporaire, inférieur à 2 ans.

En plus de la température, toutes les autres perturbations sont une potentielle source de fatigue pour le vin :

- Bruits et vibration (souvent en ville) ;
- Pollutions chimiques (mauvaises odeurs ou résidus de produits chimiques présents dans le lieu de stockage) ;

- Pollutions électromagnétiques (appareils électriques ou hyperfréquences) ;
- Perturbations géobiologiques ;
- Et autres…

Indépendamment de ces considérations sur le lieu de stockage, je dois dire un mot sur le bouchage des bouteilles. Traditionnellement, celui-ci est réalisé au moyen d'un bouchon de liège. Ce matériau est naturel et présente donc inévitablement une très grande fluctuation de ses propriétés, et notamment de la plus importante, sa perméabilité à l'oxygène de l'air. En effet, il existe une variabilité importante des fibres de bois au sein-même d'un bouchon : densité, âge, présence de galles ou de trous, maturité ou verdeur des tanins, etc. Sans parler des pollutions résiduelles de chlore, à l'origine des goûts de bouchon. Y compris dans des conditions de conservation strictement identiques, ces variations se retrouveront d'une bouteille à l'autre, allant inévitablement en s'amplifiant avec les années de garde. D'où le dicton bien connu des sommeliers : « Il n'y a pas de grand vin, il n'y a que de grandes bouteilles ! » Ces observations ont conduit quelques vignerons en biodynamie et vinifiant sans soufre à opter pour d'autres techniques de bouchage, comme des capsules métalliques (Pierre Frick en Alsace) ou bien des bouchons en verre. Au premier abord, cela peut paraître choquant, car moins naturel, mais laissons le temps juger si l'énergie du vin en ressort effectivement préservée sur la durée.

Pour tous ces motifs, certains pourront considérer que le vin biodynamique est plus capricieux. Plus réceptif à son environnement, il l'est probablement plus qu'un vin issu de l'agriculture chimique, qui aura tendance à être plus figé. Capricieux parfois, mais sans doute tellement plus vivant… À chacun de faire son choix !

## Question n° 19

# *Comment analyser un vin biodynamique ?*

Toute l'œnologie moderne s'est construite autour de la compréhension chimique de la composition du raisin et du vin, ainsi que des transformations ayant lieu lors des fermentations et de l'élevage. Cette approche, déjà répandue depuis plusieurs décennies dans l'agriculture générale, s'est développée assez tardivement dans le monde du vin. On peut dater le début de son essor à 1956, année de création de la formation au Diplôme national d'œnologue (DNO). C'est un fait que le pilier central de cette formation universitaire est l'apprentissage de la chimie du vin et des techniques d'analyse correspondantes. Le but de ces analyses chimiques est d'isoler quelques paramètres-clés qui donneraient suffisamment d'information pour expliquer les phénomènes à l'œuvre dans le vin, les prévoir, et par conséquent les contrôler. C'est ce que je pourrais appeler l'œnologie corrective, qui cherche à corriger le vin, parfois même avant sa naissance, pour se rapprocher de paramètres analytiques idéaux. À ce titre, il est intéressant de noter que le DNO est traditionnellement délivré en France par les facultés de pharmacie. L'œnologue serait-il donc le pharmacien du vin ?

Je veux attirer ici l'attention des producteurs et des amateurs sur le risque majeur de cette approche. Certes, l'œnologie moderne a, par son apport scientifique, doté le vigneron de nouveaux outils l'aidant à mieux prendre ses décisions de vinification. Mais très souvent, le bulletin d'analyse occupe une place excessive, et à trop se concentrer sur des chiffres nécessairement réducteurs, on en oublie d'observer. La dictature du bulletin d'analyse peut aller jusqu'à pousser certains œnologues à tout corriger : acidité, alcool, azote, tanins, rapport jus/

pellicule, etc. J'ai principalement observé cette tendance dans les pays du nouveau monde, mais elle peut aussi se rencontrer en France. À titre d'exemple, je voudrais partager une expérience marquante que j'ai vécue en Argentine où je devais réaliser les vinifications dans une des plus grosses caves du pays. Nous étions huit œnologues pour vinifier les 25 millions de bouteilles produites chaque année. Dans cette région chaude, les raisins étaient souvent très mûrs, mais avec un gros déficit d'acidité (pH=3,60 à 4,30). La faculté d'œnologie enseignant que l'acidité idéale pour un vin rouge devait correspondre à pH=3,50, les œnologues essayaient de s'en approcher au maximum par un ajout significatif d'acide tartrique. En cave, les moûts étaient donc systématiquement acidifiés de 1 à 2,5 g/L. Or, un jour nous reçûmes à la cave des raisins de Merlot magnifiques, provenant d'une zone montagneuse plus fraîche et qui avaient une acidité nettement plus élevée (pH=3,30). Et bien, il fut alors décidé de les corriger dans l'autre sens : par désacidification au carbonate de calcium ! Quel choc et quelle perte d'énergie pour un moût qui aurait tout simplement pu être assemblé avec un autre pas assez acide. Ceci illustre pour moi la bêtise à accorder aux analyses chiffrées une telle place : un bulletin d'analyse idéal peut cacher un vin médiocre, tout comme un grand vin peut avoir une analyse atypique.

En matière de vin, les perceptions gustatives sont complexes, souvent globales. L'intensité d'un paramètre ne dépend pas que de sa présence, mais également du niveau des autres paramètres. C'est la notion d'intégration harmonieuse. Par exemple, dans les grands vins liquoreux allemands le niveau élevé d'acidité rend beaucoup plus digeste leur extrême richesse en sucre et leur évite une lourdeur excessive. Un autre exemple plus subtil : je me souviens de la dégustation d'un Gewurztraminer grand cru Goldert 2003 du domaine Zind-Humbrecht, un vin racé, équilibré, sec et puissant, dont j'estimais l'alcool à 13,5 ou 14 degrés. Quelle surprise de découvrir que l'étiquette affichait 17 % vol. ! Je ne l'aurais jamais deviné tant l'alcool s'intégrait harmonieusement grâce à la grande concentration du vin. À l'inverse, un vin titrant 12 % vol., mais maigre, dilué et chaptalisé de 1,5 degré, sera certainement brûlant en bouche.

Lorsque l'on travaille avec le vivant, les chiffres sont nécessairement réducteurs. Les agronomes en ont également fait l'expérience concernant la fertilité des sols. Pendant longtemps, ils ont estimé que l'analyse de trois minéraux (N : azote, P : phosphore et K : potassium) suffisait pour mesurer les besoins de la plante cultivée. Ce raisonnement simpliste amena à la diffusion quasi exclusive des engrais NPK. Ces derniers sont tout le contraire d'une alimentation saine pour une plante, car ces engrais composés de sels minéraux solubles s'apparentent assez bien à ce que sont pour les humains les sodas bourrés de sucres raffinés ! Ils maintiennent les plantes sous perfusion, alors que le vivant est bien plus complexe.

C'est pourquoi, j'ai depuis quelques années pris mes distances par rapport aux analyses chimiques quantitatives, comme beaucoup de vignerons en biodynamie. Dès lors, comment évaluer la qualité d'un produit vivant sans passer par la quantification ? Par la dégustation, certes, mais également par une technique conçue par Ehrenfried Pfeiffer, sous l'impulsion de Rudolf Steiner : la cristallisation sensible. Développée à l'origine pour la médecine (sur le sang) et l'agriculture, cette technique a pour but de rendre visible les qualités vivantes d'un produit. Concrètement, il s'agit d'ajouter une goutte de vin à une solution de sel de chlorure de cuivre, puis de la faire évaporer dans une étuve en conditions stables et reproductibles. En cristallisant, le chlorure de cuivre prend une forme caractéristique des énergies vitales du produit (comme la glace dans un flocon de neige). Au vu de l'image formée, il est par exemple possible d'apprécier des notions aussi complexes que diverses : l'harmonie, la maturité, le potentiel de vieillissement, la sensibilité à l'oxygène, la présence de botrytis, et bien d'autres. Cette technique est particulièrement puissante.

En 2003, l'année de la canicule, les conditions météorologiques de l'été furent tellement extrêmes que les vendanges débutèrent en Bourgogne à la fin du mois d'août. À Puligny comme ailleurs, les raisins étaient riches et manquaient cruellement d'acidité. Tous les œnologues ne cessaient de répéter : « Il faut acidifier, sinon les vins ne vieilliront pas… ».

Au domaine Leflaive, aucune acidification n'est jamais pratiquée, mais 2003 était tellement hors norme que Pierre Morey, le responsable technique d'alors, se posa tout de même la question. Anne-Claude Leflaive et lui décidèrent de faire un essai : trois échantillons reçurent des ajouts différents d'acide tartrique et un témoin fut conservé sans aucun ajout. Les quatre bouteilles furent envoyées à l'aveugle à Margarethe Chapelle, l'œnologue qui réalise les cristallisations sensibles pour le domaine, en lui demandant son avis sans l'informer de la nature des corrections pratiquées. Elle classa les vins par niveau d'énergie et potentiel de vieillissement décroissants : c'était l'ordre exact des doses croissantes d'acide ajouté ! Cet avis conforta Pierre Morey qui décida de faire confiance aux raisins récoltés et de ne pas les acidifier. En 2011, une dégustation complète de la gamme des 2003 du domaine Leflaive me permis de constater que, bien sûr l'acidité n'était pas revenue par miracle, mais qu'avec le temps, ces vins avaient réussi à trouver leur équilibre propre. Et fait étonnant, ils n'étaient alors pas encore à leur apogée, et au contraire gagnaient beaucoup avec l'ouverture : ils étaient meilleurs 3 à 6 heures après et très peu sensibles à l'oxygène. L'université nous enseigne que le niveau d'acidité est essentiel pour le potentiel de vieillissement et que le pH conditionne directement l'activité du $SO_2$ dans son rôle antioxydant. Et pourtant !

Pour conclure, je voudrais revenir sur la délimitation actuelle des climats de la côte bourguignonne et des appellations correspondantes [☛ **QUESTION 13 : La biodynamie permet-elle une meilleure expression du terroir ?**], qui se fonde essentiellement sur le travail fait par les moines depuis le milieu du Moyen-âge. Aujourd'hui, nous disposons d'analyses du sol extrêmement sophistiquées capables de délivrer leur composition en minéraux ou bien celle de la roche-mère. Nous allons même jusqu'à mesurer la surface interne des argiles pour quantifier leur force[1]. Et finalement, à chaque fois que nous trouvons une différence, la seule chose que nous pouvons dire est « Ils ne s'étaient pas trompés ! ». Relativisons donc le pouvoir des analyses chimiques.

---

1. Cette méthode a été mise au point par Claude et Lydia Bourguignon.

PARTIE III

# *La consommation*

## Question n°20

# *Comment déguster un vin biodynamique ?*

Dans les deux premières parties de cet ouvrage, je me suis attaché à démontrer dans quelle mesure le vigneron pratiquant la biodynamie cherche à produire le vin le plus vivant possible. Pour moi, vivant signifie le contraire de standardisé. Moyennant cette hypothèse, chaque dégustation devient une expérience unique : une relation particulière se crée entre le dégustateur et le vin.

Dans la vision standardisée, chaque vin est analysé et décrit de manière figée. C'est le domaine du cerveau gauche [☛ **QUESTION 10 : La biodynamie est-elle scientifique ?**]. Celui des experts en dégustation qui vont professer quel sera le goût du vin qui devra être ressenti quand on le dégustera. Celui des livres qui classent les vins dans des catégories et déclarent que le Meursault doit se goûter comme ceci, le Puligny comme cela… Celui des critiques œnologiques qui distribuent leurs évaluations quantitatives sous forme de notes sur cent. Cette vision du vin, qui s'est rapidement développée depuis les années 1980, principalement sous l'influence anglo-saxonne, a depuis pris beaucoup d'importance, même s'il semblerait qu'elle atteigne aujourd'hui ses limites. En effet, celle-ci s'applique assez naturellement aux vins standardisés, corrigés par l'œnologie moderne afin d'obtenir les meilleures notes de dégustation (au risque de les momifier…), mais pas du tout aux vins biodynamiques. Il est important de prendre conscience que cette dégustation standardisée n'a pas toujours été la norme. Au Moyen-âge par exemple, les gourmets-experts pratiquaient une toute autre forme de dégustation, que Jacky Rigaux développe dans son excellent ouvrage sur la dégustation géo-sensorielle[1] : « La dégustation géo-sensorielle se pratique plutôt avec un taste-vin qu'avec un verre analytique ; plutôt dans le noir ou la semi-obscurité que dans une salle blanche à l'éclairage normé. Il s'agit de saisir la texture des vins plutôt que leurs arômes, de tâter leur niveau de complexité, d'éprouver leur capacité de se minéraliser lentement, pour aboutir à un équilibre final, une harmonie absolue[2]. »

A contrario, la « vision vivante », comme je l'appelle, est le domaine du cerveau droit. Elle donne toute son importance à la relation, au caractère unique du vin, du dégustateur et de l'instant. Loin des normes générales et réductrices, la vérité est relative, riche et subjective, car elle s'appuie sur le ressenti personnel de celui qui goûte. Ce point de vue nous enseigne à moins intellectualiser la dégustation et à laisser plus de place au ressenti. « Sentir et ressentir le vin » est d'ailleurs le titre d'une formation mise en place en 2011 à l'École du vin et des terroirs de Puligny-Montrachet. Quelques expériences simples y sont proposées, comme par exemple de déguster les yeux bandés, ce qui aide à faire taire le mental. L'idée générale est d'être plus conscient des sensations ressenties par l'ensemble de son corps. Cela donne au dégustateur une perception du vin beaucoup plus profonde qu'une simple description séquentielle d'arômes. Mais cette perception, moins mentale, est aussi plus difficile à verbaliser.

L'idéal serait bien entendu que chacun puisse utiliser pleinement les deux approches, celle du cerveau gauche et celle du cerveau droit. C'est ce que j'essaye pour ma part de faire. Après ma formation scientifique, solidement structurée par des ingestions massives de mathématiques, de physique et de chimie, je développe également mon ressenti par la dégustation, le travail manuel, la pratique de la biodynamie.

Concrètement, comment favoriser cette relation entre le vin et le dégustateur ? Tout simplement en mettant chacun des deux dans les

---

1. Jacky Rigaux, *La Dégustation géo-sensorielle*, Édition Terres en Vues.

2. Marcel Deiss, Université des Grands Vins, Alsace. Séminaires et formations, non publié.

meilleures dispositions possibles. Pour le vin, il faut d'abord créer les conditions de service qui vont lui permettre de s'exprimer. Le temps joue pour cela un rôle important. Il faut prendre le temps de déguster. Je n'aime pas beaucoup le carafage qui est parfois trop brutal, surtout pour les vins matures. Je recommande au contraire de goûter le vin à l'ouverture de la bouteille, puis de le laisser tranquillement à température de cave quelques temps, entre trente minutes et trois heures, avant de revenir vers lui. Les vins vivants ont besoin de respirer afin de se recentrer. C'est dans ces conditions qu'ils donneront le meilleur d'eux-mêmes.

### ✪ COMPTE-RENDU DE DÉGUSTATION

Ce compte-rendu publié dans la Revue du vin de France, confirme mon propos. Il s'agissait de comparer cinq vins rouges jeunes provenant de différentes régions françaises (Pinot noir de Bourgogne, Cabernet de Bordeaux, vin de Loire, vin du Sud, etc.) dégustés deux minutes, deux heures ou deux jours après leur ouverture.

- Deux minutes : à l'ouverture de la bouteille, sans préparation du vin
- Deux heures : en carafe large oxygénante
- Deux jours : le vin avec oxygénation lente dans sa bouteille sans décantation
- Résultat : le vin se goûtait souvent le mieux après les deux jours d'ouverture, et le moins bien étant après le carafage prolongé, ce dernier ayant tendance à exagérer l'expression de l'alcool au détriment de la finesse et de l'équilibre.

Pour sa part, le dégustateur doit également être à l'aise et disponible, sans ressentir de stress extérieur. Cela paraît sans doute évident, car c'est peut-être la manière dont on procède habituellement lors d'une dégustation entre amis. Néanmoins ces conditions sont très rarement réunies lors des dégustations professionnelles en rafales.

Un point particulier intéressant concerne le rôle du verre comme médiateur entre le vin et le dégustateur. De nombreux œnologues se sont intéressés à la question de la forme des verres et l'on trouve sur le marché profusion de tailles et de formes différentes, adaptées à tel ou tel type de vin : blanc ou rouge, liquoreux, Bordeaux ou Bourgogne, jeune ou vieux, etc. Mais très peu de fabricants modernes ont réellement étudié le rôle du matériau lui-même. Pourtant, c'est la nature du matériau qui va donner au verre ses propriétés de filtre ou au contraire de transmetteur d'information entre le vin et le dégustateur. Je me rappelle à ce sujet une dégustation réalisée en décembre 2009 avec Bruno Quenioux à l'École du vin et des terroirs. Entre autres expériences, nous avions comparé la dégustation d'un vin dans deux verres différents. L'un était le modèle Expert de la marque Spiegelau : grand, moderne et polyvalent. L'autre était un modèle de chez Baccarat, dessiné par Bruno Quenioux lui-même dans les années 1990 : petit, de forme classique, mais en cristal de grande pureté et soufflé à la main. Le vin était un Châteauneuf du Pape rouge, de 2004, du Domaine de Villeneuve, en biodynamie. Dans le premier verre (Spiegelau), le vin me paraissait puissant, riche, terrien mais à l'excès. Un peu lourd et presque rustique. Je ne l'appréciais pas car je trouvais qu'il manquait d'élégance. Dans le second verre (Baccarat), les arômes étaient légèrement moins puissants. La bouche gardait le côté terrien mais la rusticité avait laissé la place à une belle transparence, pure et cristalline que je ne n'avais pas du tout perçue dans le premier verre. Je l'appréciais nettement plus et je distinguais en lui des qualités d'un vin biodynamique issu d'un grand terroir. Cette anecdote m'a fait prendre conscience que les verres modernes, dits œnologiques, ont des qualités qui concernent principalement l'analyse olfactive et parlent souvent plus au cerveau gauche. Au contraire, les anciens verres en cristal pur (ou même peut-être les tastevins en métal précieux), malgré leur forme peu appropriée à l'amplification des arômes, facilitaient certainement ce lien subtil entre l'homme et le vin.

« La dégustation a une valeur d'évasion comparable à celle des autres arts. À ce titre, elle est source de culture, car elle enseigne des discriminations, assure le jugement et nous réconcilie avec le monde naturel. »

Max Léglise

Le vin vivant, biodynamique, nous permet de pratiquer à nouveau une telle dégustation, qui aurait risqué de disparaître avec la prolifération des vins standardisés.

Je viens d'affirmer que pour mieux déguster un vin, il faut être plus conscient des sensations ressenties par l'ensemble de son corps. Qu'est-ce que cela signifie ? Habituellement, nous apprenons à déguster avec nos cinq sens qui nous fournissent des informations claires et faciles à analyser. La vue, par exemple, nous renseigne sur la couleur, le toucher sur la viscosité ou le grain des tanins, le goût sur l'acidité, l'amertume, le sucré ou le salé. Seul le sens de l'olfaction est parfois un peu plus complexe à analyser. Mais on peut aussi aller plus loin et ressentir plus généralement l'effet du vin dans d'autres parties de son corps. On peut par exemple avoir la sensation qu'un vin monte à la tête, ou au contraire descend profondément dans le ventre, ou encore fait des frissons dans le dos. Tel vin peut me faire sentir plus léger, plus aérien, comme si je volais. Tel autre me donnera au contraire une sensation de lourdeur, d'ancrage dans la terre.

Encore plus globalement, des images peuvent aussi venir à l'esprit, sans pour autant passer par l'analyse de sensations précises. Que ce soit celle d'une après-midi brûlante sous le soleil d'une île grecque en été, ou bien d'une promenade en forêt un matin d'automne, ces images illustrent un ressenti global et complexe qui ne passe pas par l'intellectualisation. Pour moi, c'est à ce niveau-là que le propos de Max Léglise prend tout son sens. Alors seulement, la dégustation rejoint les autres arts.

# Question n°21

## *Les vins biodynamiques sont-ils meilleurs pour la santé ?*

S'il est une qualité que l'on peut attendre des vins biodynamiques, c'est assurément qu'ils soient meilleurs pour la santé, car la biodynamie est avant tout une méthode d'agriculture pour la production d'aliments de qualité, sains et vivants. J'expliquais précédemment [☛ **QUESTION 10 : La biodynamie est-elle scientifique ?**] que pour Steiner, les lois physiques ne permettent pas à elles seules de comprendre toute la subtilité du vivant : d'autres forces existeraient. Celles-ci, non directement accessibles à nos cinq sens et donc non mesurables, seraient importantes à considérer en agriculture. Cette hypothèse est aussi valable pour l'alimentation : l'analyse de la composition chimique des aliments (glucides, lipides, protides, minéraux, calories) ne renseigne que très partiellement sur leur réelle qualité alimentaire, et pas du tout sur leur vitalité. La cristallisation sensible, qui permet d'évaluer la qualité énergétique [☛ **QUESTION 19 : Comment analyser un vin biodynamique ?**], nous montre que les vins biodynamiques sont en moyenne très supérieurs aux autres. Ils sont généralement mieux acceptés et intégrés par le corps qui a plus de facilité à les digérer. J'aimerais partager deux expériences à ce sujet.

La première concerne ma conjointe qui, bien qu'appréciant le bon vin, se réveille systématiquement au milieu de la nuit lorsqu'elle boit un ou deux verres le soir. Les battements de son cœur s'accélèrent et il lui est impossible de retrouver le sommeil avant le petit matin. Pourtant, cela ne lui arrive quasiment jamais avec les vins biodynamiques. Difficile à expliquer scientifiquement mais le corps exprime une vérité que l'on ne peut pas nier.

La seconde m'a été rapportée par Anne-Claude Leflaive, alors qu'elle participait à un repas où se trouvaient, entre autres, Claude et Lydia Bourguignon, et un ancien ministre de l'agriculture à l'origine peu favorable à la biodynamie. Ce dernier était accompagné par un ami médecin qui vivait un cruel supplice : il était passionné de vin mais suite à un cancer de la gorge ne le supportait plus. À chaque gorgée de vin, l'alcool le brûlait, et pour s'apaiser il avalait également une rasade de Malox. Anne-Claude Leflaive lui demanda s'il avait déjà goûté des vins biodynamiques. Il ne connaissait pas. Elle lui en servit un, et pour la première fois il put boire sans que sa gorge ne le fasse souffrir. Incompréhensible pour un médecin occidental, mais le corps avait parlé.

Dans ces exemples, difficiles à expliquer scientifiquement, le corps semble exprimer une vérité que l'on ne peut pas nier. Et le corps ne se trompe jamais. En occident, nous avons souvent tendance à considérer le corps comme séparé de l'esprit, quand ce n'est pas franchement comme opposé à l'esprit. Dans cette conception, où situons-nous le siège de l'intelligence ? Au niveau de l'esprit probablement ? Si telle est notre croyance, nous tirerions systématiquement avantage à observer plus attentivement les réactions de notre corps (sensations, émotions) aux choix que nous faisons, et pas uniquement en matière d'alimentation. Peut-être découvririons-nous une intelligence du corps bien utile, et surtout bien fiable ?

## Question n°22

# *Les vins biodynamiques ont-ils des qualités organoleptiques différentes des autres vins ?*

Aujourd'hui, nombreux sont ceux qui disent percevoir une certaine différence entre les vins biodynamiques et les autres, même lorsqu'il s'agit de vins bios. Ce sont en premier lieu des vignerons, dont l'avis peut certes être suspecté de subjectivité, mais qui connaissent tout de même le mieux leurs vins et qui ont eu l'expérience de vinifier la même parcelle avant la pratique de la biodynamie puis après. Ce sont également des journalistes, des sommeliers, des cavistes, et bien sûr des dégustateurs amateurs.

Les commentaires de dégustation convergent pour dire que les vins en biodynamie ont plus de minéralité et une meilleure acidité. C'est une observation que j'ai également pu faire. Par « meilleure acidité », j'entends la quantité mais aussi la qualité de l'acidité : plus mûre et moins verte. Aussi surprenant que cela puisse paraître, il y a différentes qualités d'acidité. Et ce n'est pas l'analyse chimique (acidité totale ou pH) qui permet de faire la différence. Que ce soit pour les vins blancs ou pour les vins rouges, la principale difficulté rencontrée lors de la vendange par le vigneron dans les millésimes chauds (ou d'ailleurs dans les climats chauds, lorsque le cépage n'est pas adapté) est de réussir à atteindre la maturité complète du fruit, des arômes et des tanins, sans avoir un degré d'alcool trop élevé et surtout sans perdre ce qui apporte la tension : acidité et minéralité. Pour les grands vins blancs, il n'y a rien de pire que d'être obligé de vendanger avant la maturité complète par crainte d'une trop forte diminution de l'acidité. Cela risque d'arriver lorsque la température est très élevée dans les jours qui précèdent la vendange. Ce fut le cas en Bourgogne pour le millésime 1997 : le mois de septembre fut très chaud. Anne-Claude Leflaive raconte que c'est à ce moment-là qu'elle a pris conscience de cet effet de la culture biodynamique sur l'équilibre du raisin. En effet, l'œnologue-conseil responsable des analyses pour le Domaine Leflaive, et de nombreux autres domaines en Côte d'Or, fut très surpris de voir que partout l'acidité chutait dangereusement, sauf au Domaine Leflaive ! Un atout pour produire des vins équilibrés dans un millésime chaud.

Outre cette minéralité, puisée dans le sol par les racines, les dégustateurs décrivent également les vins biodynamiques avec les mots suivants : profondeur, verticalité, ancrage. Eventuellement : longueur, complexité, pureté. Mais je dois reconnaître que même si l'on ressent une différence, il est assez difficile de la décrire clairement, le vocabulaire utilisé étant très restreint. J'ai insisté plus haut sur l'importance du ressenti dans la dégustation de vins biodynamiques [☛ **QUESTION 20 : Comment déguster un vin biodynamique ?**]. Typiquement, les termes profondeur, ancrage et verticalité sont plus des tentatives pour exprimer un ressenti que des descripteurs analytiques précis. Quand les mots viennent à manquer, peut-être faudrait-il songer à utiliser d'autres formes d'expression que le langage descriptif : pourquoi pas la poésie, le chant, le dessin ou encore la peinture ?

Au Domaine Leflaive, la biodynamie s'est mise en place progressivement, sur huit ans. Si bien que de 1991 à 1997, Anne-Claude Leflaive et Pierre Morey ont pu réaliser des mises en bouteille séparées pour comparer l'influence du mode de culture au sein de la même parcelle (Bâtard-Montrachet et Puligny-Montrachet 1er cru le Clavoillon). Des commentaires de dégustation concernant cette expérimentation ont été publiés dans la *Revue du vin de France*[1]. Mais le plus important pour moi est qu'à chaque fois que j'ai dégusté ces bouteilles à l'aveugle, sans

1. Ces commentaires ont été publiés dans la *Revue du vin de France* dans les années 1990, et plus récemment dans le n° 530 d'avril 2009.

savoir lequel était biodynamique, j'ai pris conscience de l'importance des images globales qui me venaient à l'esprit dès le premier contact avec le vin. Elles me permettaient de reconnaître avec une quasi-certitude le mode de culture utilisé. Puis après, dès que j'utilisais mon mental pour essayer de justifier mon choix par une dégustation analytique rigoureuse des différents arômes et de la structure en bouche, je commençais à me perdre et me trompais une fois sur deux.

En conclusion, les vins biodynamiques possèdent souvent des qualités organoleptiques qui les distinguent des vins conventionnels et grâce auxquelles ils nous ouvrent à de nouvelles dimensions de la dégustation absolument passionnantes.

## Question n°23

# *Comment les critiques œnologiques jugent-ils les vins biodynamiques ?*

J'ai souligné l'importance de ne pas pratiquer une dégustation standardisée, mais au contraire d'utiliser pleinement son ressenti [☛ **QUESTION 20 : Comment déguster un vin biodynamique ?**). J'ai également insisté sur le fait de créer les conditions permettant à la relation entre le vin et le dégustateur de s'installer. Pourtant, trop fréquemment ces conditions sont loin d'être réunies en ce qui concerne les dégustations des critiques professionnels.

Auparavant, les journalistes rendaient régulièrement visite aux vignerons sur les vins desquels ils écrivaient leurs commentaires de dégustation. Cela leur donnait une connaissance en profondeur des producteurs, de leur personnalité, de leur travail et de leur histoire. Aujourd'hui, de moins en moins de journalistes prennent le temps de faire cet exercice, en particulier ceux qui publient les guides de référence annuels à destination des amateurs. Cette tendance est tout à fait compréhensible dans la mesure où le nombre de producteurs de qualité ne cesse d'augmenter et cela représenterait donc une tâche considérable. Les journalistes préfèrent souvent procéder par appel d'échantillons organisés par les syndicats professionnels. Les échantillons sont dégustés en rafale dans un laboratoire, une salle de réunion, voire même une chambre d'hôtel. Ce sont parfois de véritables marathons où 100 à 200 bouteilles peuvent être notées le même jour.

Dans ces conditions, comment ne pas pratiquer une dégustation standardisée ? D'autant que la plupart des journalistes poussent la standardisation jusqu'à condenser leurs sensations en une note chiffrée : note sur 100 pour les anglo-saxons tels Robert Parker ou le Wine Spectator, note sur 10 ou 20 pour les français. Quelle brutalité pour un vin ! Cela ne convient pas du tout aux vins biodynamiques.

De plus, ces séances se déroulent généralement à l'aveugle, ce qui constitue un argument de vente pour les guides vantant à leurs acheteurs potentiels la sacro-sainte objectivité de la critique. La dégustation à l'aveugle serait censée être plus juste car tous les vins y sont jugés dans des conditions identiques, sans que le dégustateur ne puisse être influencé par l'étiquette. Pour moi cette idée est largement fausse et je trouve au contraire que la dégustation à l'aveugle est souvent très injuste. Les vins sont rarement tous en même temps au même stade. Certains vins sont vinifiés pour être bus rapidement, d'autres pour la garde. Comment prendre ces éléments en compte si le journaliste n'a pas accès aux informations simples telles que le type et la durée de l'élevage, ou bien la date de mise en bouteille si celle-ci est très récente ? C'est injuste. Toutes ces informations seraient au contraire disponibles s'il allait déguster directement chez le vigneron. Par ailleurs, je considère que tout critique digne de ce nom doit obligatoirement avoir l'expérience nécessaire pour utiliser à bon escient les informations données sur l'étiquette du vin dégusté, sans pour autant que son jugement en soit biaisé. Aucun professionnel sérieux n'irait inventer des qualités imaginaires à un vin au prétexte que sa renommée le précèderait, n'est-ce pas ? Pour ma part, je sais que j'aurais à l'inverse tendance à être plus exigeant avec une grande étiquette, car les attentes des consommateurs, ainsi que probablement son prix de vente, le justifient.

Le seul intérêt de la dégustation à l'aveugle réside dans l'exploration de son propre goût. Quel jeu captivant que de chercher à reconnaître telle appellation, tel millésime, tel vigneron, comme lors des concours des meilleurs sommeliers. Ou bien, pratiquée en dehors de tout spectacle, elle offre une forme subtile d'introspection.

« Le vin est professeur de goût : en nous formant à la pratique de l'attention intérieure, il est libérateur de l'esprit et l'illuminateur de l'intelligence[1]. »

PAUL CLAUDEL

Si cette exploration vous passionne, je n'aurais qu'un seul conseil à vous donner : essayez la dégustation complètement à l'aveugle. C'est-à-dire de déguster votre vin dans le noir ou bien les yeux bandés. Masquer le sens de la vue permet de prendre conscience du pouvoir immense qu'il a sur notre mental.

À quand le premier guide des vins dégustés les yeux bandés ou bien renonçant définitivement au dictat standardisant des notes chiffrées ?

---

1. Paul Claudel, Discours prononcé le 2 mai 1935 à l'inauguration de la Foire internationale de Bruxelles et paru dans le *Figaro* le 5 mai suivant : « Louange du vin »; repris sous le titre « Éloge du vin, discours à l'Exposition de Bruxelles, 1935 », dans *Accompagnements*, Paris, Gallimard, 1949.

## Question n°24

# *Y a-t-il de mauvais vins bios ?*

J'ai souvent entendu dire que les vins bios ont longtemps été considérés comme moins bons que les autres, certains étant même franchement imbuvables, ce qui a contribué à leur mauvaise image auprès des dégustateurs. Vu mon âge, je n'étais pas là pour les goûter. Dans ces conditions, il m'est difficile de déterminer si c'était effectivement le cas ou bien si le goût des vins bios, à l'époque plus marginal, avait tendance à choquer plus qu'aujourd'hui.

Il existe certes des vins bios extrêmes, que la norme actuelle qualifie de vin « à défauts » : nez oxydatif, troubles, déviation microbiologique voire refermentation en bouteille, acidité volatile élevée (quand le vin se rapproche dangereusement du vinaigre). Remarquons avant tout commentaire qu'il y probablement autant de vins défectueux en culture chimique.

Mais ce qui a réellement énervé un certain nombre de professionnels, et en particulier de journalistes, c'est d'imaginer qu'on puisse se pâmer devant un vin présentant manifestement de tels défauts, en lui pardonnant tout sous l'unique prétexte qu'il serait bio.

Un tel aveuglement a insupporté par exemple le journaliste Michel Bettane qui se mit en colère. Il alla jusqu'à parler de « bio-cons » pour stigmatiser ces amateurs de vin « bobos » qui auraient perdu tout leur sens critique et suivi la mode du bio tels des moutons de Panurge manipulés par quelques « grandes gueules »[1]. Le terme fut fort.

Emporté par son irritation, Michel Bettane a passé sous silence le changement alors à l'œuvre : une réappropriation de leur propre goût par certains dégustateurs, passant par la redéfinition personnelle des normes séparant la qualité du défaut. En tout cas, une profonde vague d'enthousiasme de la part d'amateurs et de professionnels cavistes ou sommeliers, soutenant ces vignerons bios en quête d'authenticité. Cette vague fut certainement excessive, mais à la mesure de l'excès inverse qu'avait dû subir les consommateurs, inondés depuis un certain temps de vins chimiques et momifiés. Je considère ce mouvement de balancier fort salutaire, et un préalable nécessaire au retour d'une situation équilibrée. Quatre siècles avant nous, les opposants de Descartes l'avaient critiqué pour sa position radicale visant à douter systématiquement de toute vérité préétablie. Il répondit en ces termes : « Un philosophe ne serait pas plus étonné de cette supposition que de voir une personne qui, pour redresser un bâton qui est tordu, le recourbe de l'autre part, car il n'ignore pas que souvent on prend ainsi des choses fausses pour véritables, afin d'éclaircir davantage la vérité[2]. » Ainsi l'appréciation d'un vin par un consommateur redevient plus personnelle, à chacun de mettre en balance ce qui lui plaît et ce qui lui déplaît dans ce vin, puis de juger s'il éprouve finalement de la satisfaction ou du bien-être à le consommer.

---

1. Michel Bettane, « Non aux bio-cons ! », *Guide Bettane et Dessauve 2008*, Édition Minerva, p. 32 : « À bas les sucres traînants, les robes louches et instables et les saveurs approximatives, halte aux blancs oxydés et morts, dont après coup on nous explique qu'on a ménagé la décomposition ! Nous restons pantois devant la crédulité de tant de restaurateurs qui ne présentent plus à leur carte que ce genre de produits alors qu'ils soignent tant nos assiettes, en particulier les généreux bistrotiers de gueule qui seraient les premiers désolés de nous régaler avec de la marchandise avariée ! Et que dire de tous ceux qui les conseillent, cavistes et courtiers en vin prompts à surfer sur la pensée correcte, journalistes plaquant sur le sujet une idéologie à la mode sans s'intéresser à ce qu'ils boivent, intellos dérangés qui refont le monde à partir de leurs propres fantasmes ? »

2. René Descartes, « Réponses aux cinquièmes objections », *Méditations Métaphysiques*, *op. cit.*

Je reconnais avoir moi-même eu une période au cours de laquelle je dégustais avec un réel plaisir, et surtout une grande curiosité, des vins parfois réellement extrêmes. Aujourd'hui, j'accepte avec bon cœur certains défauts, en particulier aromatiques, à condition que je ressente derrière un fond authentique : une personnalité, une vitalité, une énergie qui me transmettent des émotions.

À mon tour de poser une question à l'amateur de vin qui lit ce livre : dans sa recherche hédoniste autour du vin, qu'est-ce qui lui procure réellement du plaisir ? Ce plaisir réside-t-il véritablement dans une recherche idéaliste d'une quasi-perfection, d'un vin sans aucun défaut au risque d'être lisse ? Ou bien provient-il au contraire d'une rencontre vraie, sans tricherie ? On peut s'interroger sur cette recherche de la perfection qui traverse notre société et dont les photos de mannequins retouchés dans les magazines sont probablement l'exemple le plus frappant. Il suffit de penser à des contes comme Peau d'Âne pour entendre la sagesse populaire nous répondre qu'au-delà d'une apparence imparfaite peut se dissimuler une magnifique rencontre, pour peu que l'on se donne la peine de la découvrir. Se pourrait-il que derrière chaque « bio-con » se cache une princesse ?

## Question n°25

# *Les vins biodynamiques sont-ils d'humeur changeante ?*

Comme j'ai déjà eu l'occasion de l'exposer [☛ **QUESTION 18 : Un vin biodynamique vieillit-il bien ?**], je suis convaincu que les vins biodynamiques sont généralement plus vivants et donc plus sensibles que les vins en culture chimique. Quand je dis sensible, j'entends plus réceptif aux influences extérieures, comme la saison, le temps, le cycle lunaire, le lieu, les gens, etc.

Est-ce une qualité ou bien un défaut ? Plus sensible signifie-t-il également plus fragile ? Encore une fois, il appartient à chacun de se faire sa propre opinion. Même si la norme sociale en France a longtemps affirmé le contraire, je pense pour ma part que la sensibilité est une grande qualité, tant pour un être humain que pour un vin.

Concrètement, rentrons ici plus dans le détail d'une partie de cette sensibilité. Généralement, lorsque l'on parle d'une personne d'humeur changeante, et en particulier quand il s'agit d'une femme, la référence à la Lune ou au cycle lunaire n'est jamais très loin. Ne dit-on pas de quelqu'un qu'il est « lunatique » ? Quel est l'effet du cycle lunaire sur le vin ? Intrigué par cette question, j'y ai particulièrement prêté attention l'année où je dégustais le millésime 2007, alors en cours d'élevage au Domaine Leflaive. Je goûtais quasi-quotidiennement, et parfois même deux fois par jour, tous les vins en cuve avec des clients différents. Puis je consultais systématiquement le calendrier des semis (calendrier lunaire biodynamique) pour le comparer avec mes impressions de dégustation. C'est particulièrment intéressant de faire cette expérience avec des vins en cuve car ils sont beaucoup plus libres et vivants qu'en bouteille où ils se trouvent à l'étroit. D'autant qu'une cuve de plus de 2000 litres permet de goûter tous les jours le même vin dans le même contenant, alors que dans une bouteille ouverte depuis plusieurs jours le vin évolue rapidement au contact de l'air. Et ouvrir une autre bouteille aurait aussi créé une différence car il ne se serait pas agi exactement du même contenant.

J'ai introduit précédemment [☛ **QUESTION 9 : Qu'est-ce que le calendrier des semis et à quoi sert-il ?**] une des manières biodynamiques de décrire l'influence de la Lune, à travers les quatre types de jours : jour fruit, jour racine, jour fleur, jour feuille. Ils correspondent à l'élément (feu, terre, air, eau) de la constellation devant laquelle se trouve la Lune et permettent d'orienter les travaux agricoles en fonction de la plante cultivée. Ce calendrier des semis se fonde sur les travaux de la chercheuse biodynamiste allemande Maria Thun et de son fils Matthias Thun[1]. Il existe aussi un petit livret en anglais qui reprend ces résultats pour la dégustation du vin[2] et même depuis peu une application pour iPhone, appelée Wine tonight ? On peut y lire que les jours fruit et les jours fleur sont les meilleurs pour le vin, et que les jours racine et les jours feuille sont à éviter. Cette règle est toutefois un peu trop simpliste. Voici ce que j'ai pu observer par ma propre expérience. Tout d'abord, notons que les jours du calendrier n'ont pas systématiquement une influence notable sur la dégustation du vin. Mais à chaque fois que j'ai remarqué une influence significative, elle était toujours dans le sens indiqué par le calendrier lunaire.

- **JOUR FRUIT :** la vigne est cultivée pour ses fruits et le jour fruit est naturellement le jour le plus favorable tant pour le travail de la vigne, le travail du vin en cave, que pour la dégustation. Le vin est généralement bien présent, ouvert aromatiquement, avec un équilibre harmonieux en bouche.

---

1. Maria Thun et Matthias Thun, *Calendrier des semis bio-dynamique*, Mouvement de culture biodynamique.

2. Maria Thun et Matthias Thun, *When wine tastes best : a biodynamic calendar for wine lovers*, Editions Floris Books.

❂ **JOUR RACINE :** ce type de jour a été jugé plutôt défavorable car le vin peut se présenter un peu en retrait, assez fermé aromatiquement, en particulier au nez. En bouche, le vin peut être assez fermé également et se goûter sur la structure, donc austère et ferme. Mais pour des vins de terroir, qui doivent avoir naturellement une bonne structure, c'est un type de jour qui peut être intéressant car alors la minéralité est bien apparente.

❂ **JOUR FLEUR :** ce type de jour est généralement favorable à la dégustation car le vin est bien présent, parfois encore plus ouvert au nez qu'en jour fruit. Attention toutefois, car j'ai remarqué que les jours fleur ont tendance à exacerber tout ce qui est aérien et volatile : les arômes certes, mais aussi l'alcool et l'acidité volatile (odeur piquante qui rappelle le vinaigre) en particulier pour les vins très riches, liquoreux, ou ayant eu un très long élevage en fût, pour la dégustation desquels ce n'est pas le meilleur jour.

❂ **JOUR FEUILLE :** ce type de jour est généralement défavorable à la dégustation (voir à éviter complètement) car il ne met en avant que des choses désagréables dans l'aromatique et la structure du vin. Ce sont des éléments évoquant le végétal : nez végétal et peu élégant, acidité durcie et donnant une impression de maturité imparfaite. Pour les vins riches ayant peu d'acidité on peut même avoir une sensation d'amertume, voire une dureté des tanins pour les rouges.

Chaque influence lunaire dure généralement deux ou trois jours de suite et j'ai remarqué un effet cumulatif : une influence fleur sera par exemple beaucoup plus marquée au bout de deux jours que durant les premières heures de la période, où l'on pourra parfois ressentir plus l'influence de la période précédente.

Cette influence de la Lune est passionnante à observer, même s'il ne faut pas tomber dans les excès. Pour organiser une dégustation réussie, elle n'est qu'un des éléments à prendre en compte parmi tous les autres éléments de l'environnement : température de service, ambiance du moment, type de plat servi, goût des personnes réunies, personnalité du terroir, empreinte du millésime, etc.

Plutôt que de classer les jours entre bons et mauvais, il est plus intéressant de saisir les subtiles interactions qui existent entre tous ces éléments. C'est ce qui fait le savoir-faire d'un grand sommelier. Par exemple, en ce qui concerne les vins de Puligny-Montrachet, un jour racine convient très bien à un millésime comme 2006 : millésime riche, opulent et démonstratif, avec une faible acidité. Au contraire, pour un jour fleur, je choisirais un millésime 2007 : millésime froid, avec une forte tension, une belle minéralité, et un peu fermé dans sa jeunesse.

C'est cette passionnante sensibilité, aujourd'hui perdue dans les vins modernes issus de l'agriculture chimique, que l'on retrouve dans les vins biodynamiques. Cette sensibilité a toujours existé dans le vin. Pour preuve, cette réflexion de Jean Carmet à propos du grand vigneron ligérien Charles Joguet qui m'a été rapportée par le caviste et dégustateur Bruno Quenioux :

« J'ai vu parfois des vins disparaître à la présence d'un intrus et réapparaître à leur départ. Allez donc savoir ce qui se passe dans la tête d'un vin qui ressemble à celui qui l'a fait ! »

## Question n°26

# *Les vins biodynamiques sont-ils plus chers ?*

C'est une idée assez répandue que les vins biodynamiques seraient des vins nécessairement plus chers que les autres en raison des contraintes supplémentaires qu'impose cette méthode de culture. Je pense que la réalité est un peu plus complexe et je souhaite ici donner quelques éclairages à ce sujet, tant pour l'amateur de vin, que pour les producteurs qui hésiteraient à faire évoluer leurs méthodes en raison des surcoûts engendrés.

Penchons-nous en premier lieu sur les frais de culture. Il est certain que la biodynamie implique généralement une augmentation du temps de travail et donc une hausse des coûts de main-d'œuvre. Je parle ici certes du temps passé pour réaliser avec soin les divers travaux vignerons généraux : labours (éventuellement au cheval), travaux en vert (ébourgeonnage, palissage), vendange manuelle ; mais aussi (et surtout), des travaux proprement biodynamiques : dynamisation et pulvérisation des préparations, des enduits et des tisanes, réalisation du compost préparé, respect des rythmes lunaires, observation sensible de ses vignes. Les premiers types de travaux peuvent demander beaucoup de temps, et cela dépend de l'exigence du vigneron mais ne sont pas spécifiques à la biodynamie. Pour les seconds, le temps supplémentaire passé n'est pas si important (je l'estime entre 10 et 20 heures par hectare et par an), mais implique une adaptation de l'organisation (les préparations se passent par exemple tôt le matin ou tard le soir). Ce léger surcoût est généralement en grande partie compensé par une baisse significative des dépenses dues à l'achat des produits phytosanitaires. En effet, les insecticides, désherbants, fongicides systémiques ou autres anti-pourritures sont beaucoup plus chers que le soufre, le cuivre et les plantes naturelles. Récolter un sac d'orties fraîches au printemps n'est pas bien coûteux ! Pour ma part, je suis ravi de pouvoir, à coût égal, dépenser moins en produits chimique et en machines, et plus en travail humain.

Pour être complet concernant les coûts de production, le second point sur lequel je dois dire un mot est la question des rendements. Il est aisé de comprendre que, à court terme, le rendement conditionne directement la rentabilité d'une exploitation agricole. Cela coûte en effet à peu près la même chose de produire, à partir d'une parcelle de vigne d'un hectare, soit 30 hL de vin (environ 4 000 bouteilles), soit 60 hL (8 000 bouteilles), soit 90 hL (12 000 bouteilles). Bien sûr, la qualité sera très différente dans les trois cas. Cela relève du choix du vigneron, encadré rigoureusement par les décrets d'appellation contrôlée en France. Mais je dois dire que la biodynamie peut tout à fait s'appliquer quel que soit le niveau de rendement décidé. Il est tout à fait faux de penser qu'elle aurait pour conséquence systématique une diminution des rendements. Le vigneron en biodynamie dispose en effet de préparations dont certaines visent à augmenter la vigueur, donc la production d'une vigne, et d'autres à la diminuer. Je cite le directeur d'un grand domaine bourguignon basé à Beaune qui partage mon point de vue : « Contrairement aux idées reçues, l'application des méthodes de culture en biodynamie n'entraîne pas une baisse significative du rendement, ni aucune augmentation notable des coûts de production par rapport à l'agriculture conventionnelle. »

Je souhaite faire maintenant une parenthèse plus générale concernant la problématique de diminution des coûts fondée sur l'application du modèle industriel en agriculture. Les premières années de ma vie professionnelle, je me suis consacré à optimiser les coûts de production, en particulier au niveau des usines, de leur approvisionnement et de leur distribution. Je travaillais alors comme consultant en organisation dans différents secteurs industriels : automobile, pharmacie, alimentation animale. Dans le modèle industriel, la recherche d'optimisation des coûts (basée sur l'hypothèse de rareté de la monnaie) passe en premier par la standardisation des process et des produits (fordisme dans l'industrie automobile du début du XX^e^ siècle). Cette standardisation des process implique celle des matières premières, car sinon comment conserver une recette unique et constante avec des matières premières différentes ? Il est particulièrement important de prendre conscience de ce point clé : les matières premières agricoles sont naturellement variables car issues du vivant. Vivant rime avec diversifié, mais certainement pas avec standardisé auquel il s'oppose. C'est pour cette raison fondamentale que le mode de raisonnement du modèle industriel (optimisation des coûts passant par la standardisation des process) est une négation du vivant et ne devrait pas pouvoir s'appliquer durablement en agriculture. La négation de cette évidence entraîne l'agriculture dans un cercle vicieux qui aboutit généralement assez rapidement à une perte significative de qualité, et parfois plus tard à l'opposé des objectifs visés : une baisse de production liée à la baisse de fertilité des sols et une augmentation des coûts liée à l'achat de produits phytosanitaires.

Ainsi, on a pris conscience trop tard des effets du remembrement, censé favoriser la mécanisation et la productivité. Finalement, la destruction des haies pour créer de grandes parcelles de culture a eu pour conséquence d'une part une baisse sensible de la biodiversité (en particuliers des oiseaux et insectes) ; d'autre part une forte augmentation des risques de sécheresse car les racines profondes des arbres et des arbustes de ces haies jouaient un rôle-clé dans le rechargement des nappes phréatiques ; et pour finir, une érosion rapide des sols par perte des argiles. Ce dernier point est critique car il conduit en quelques dizaines d'années à une perte de fertilité des sols et par conséquent laisse présager un risque de diminution significative de la productivité des terres dans les dix à vingt prochaines années.

Par ailleurs, la standardisation des cultures est la négation même de la notion de terroir. On parle de terroir à vigne, mais il existe aussi des terroirs à blé, des terroirs à maïs, des terroirs à asperges, à carottes, etc. Sous la pression de filières d'alimentation animale standardisée, ont été mises en place des aberrations telles que la généralisation de la production de maïs en Alsace. Or la culture du maïs est très gourmande en eau et l'Alsace est une région de faible pluviométrie en raison de la barrière des Vosges (il pleut à peu près autant à Colmar qu'à Montpellier). Cela a eu pour conséquence d'aggraver sensiblement les problèmes de sécheresse.

Fort heureusement, la viticulture est la production agricole qui a su résister à ce mouvement général et défendre la variété de ses produits à travers la diversité de ses terroirs.

Fin de la parenthèse. Revenons à la question du prix des vins. Le coût est une chose, mais pour beaucoup de vins le prix de vente dépend aussi et surtout de la qualité, qu'elle soit réelle ou imaginée. L'image d'un vin auprès de celui qui l'achète englobe plusieurs facteurs parmi lesquels figurent en autres sa qualité, son histoire, sa rareté, la mode, et bien d'autres facteurs certainement. En viticulture, la rentabilité d'un domaine ou d'une appellation se construit moins sur la réduction à tout prix de ses coûts de production, et plutôt sur la reconnaissance de la qualité et sur l'image de ses vins. À ce sujet, je préfère mille fois m'offrir une bouteille de l'excellent Clos Puy Arnaud de Thierry Valette, qui produit un vin passionnant, élégant et riche en émotions, à partir d'un excellent terroir de calcaire à astéries cultivé en biodynamie (mais classé en Côte-de-Castillon), plutôt que certains de ses voisins Saint-Emilion Grand Cru qui n'ont de grand que le nom et sont pourtant vendus deux fois plus cher. Mais cela reste entre nous.

Au sujet du prix de vente, je me trouve pris dans un paradoxe. D'un côté je souhaite que la biodynamie se démocratise et se diffuse à toutes les gammes de vins, car avant la qualité organoleptique, elle participe à la qualité alimentaire du produit et devrait être accessible à tous. De l'autre côté, j'aimerais que les vins en biodynamie soient reconnus par le consommateur et plus recherchés que les autres, ce qui aura certainement des conséquences sur leur prix.

En conclusion, NON, la biodynamie n'est pas une agriculture pour les riches. Il existe de nombreux vins biodynamiques à petit prix. Dans le village avoisinant le mien, Didier Montchovet produit un excellent Bourgogne grand ordinaire rouge à 5 € la bouteille. Dans une autre région, les Muscadet de Guy Bossard (biodynamiques et labourés au cheval) étaient des grands vins de garde à moins de 10 €. Mais il est certain que pour les vignerons cultivant de grands terroirs et en quête d'excellence, la biodynamie est un moyen d'aller encore plus loin. L'amélioration de la qualité justifie que leurs vins soient recherchés par les amateurs, ce qui se ressent parfois sur leur valeur.

PARTIE IV

# *Le contexte historique et philosophique*

Il est habituellement d'usage de présenter un sujet par l'exposé de son contexte. Concernant la biodynamie, j'ai volontairement traité ce point en dernier afin de laisser la première place aux questions les plus pratiques, celles qui concernent directement les amateurs de vin. Cette quatrième et dernière partie s'adresse maintenant à ceux qui souhaitent en savoir plus sur la biodynamie elle-même. Il y sera moins question de la vigne et du vin, mais d'avantage d'une certaine compréhension du vivant, d'une vision du monde, voire d'une philosophie.

Si certaines idées ou hypothèses avancées pourront surprendre, voir choquer, les évoquer ici permet néanmoins de resituer les pratiques biodynamiques dans une conception plus large et de percevoir plus clairement leur logique.

## Question n°27

# *Qui était Rudolf Steiner ?*

Rudolf Steiner, philosophe spiritualiste germanique, est né le 25 février 1861 à Kraljevec, en Croatie, à l'époque partie intégrante de l'empire Austro-hongrois. Son père était employé des chemins de fer. Autrichien de naissance, il étudie pendant quatre années les sciences à l'École supérieure technique de Vienne (mathématiques, chimie, histoire naturelle, etc.). Très attiré par la philosophie, et notamment par Kant et Goethe, il interrompt ses études scientifiques pour s'y consacrer pleinement. Son premier travail consiste à entreprendre l'édition et le commentaire des œuvres scientifiques de Goethe. Rudolf Steiner s'établit en Allemagne, Weimar puis Berlin, et obtient son doctorat de philosophie à l'université libre de Rostock. À partir de 1900, il se rapproche de la société théosophique[1], où il fait connaissance de sa présidente, Annie Besant, et de sa future femme, Marie von Sievers. En 1902, il devient secrétaire général de la section allemande de la société de théosophie, qu'il quitte en 1913 pour fonder son propre mouvement, la société anthroposophique. Installée en Suisse, à Dornach près de Bâle, cette société a pour objet de développer et diffuser sa philosophie, l'anthroposophie.

Rudolf Steiner a consacré le restant de sa vie à appliquer cette philosophie dans les différents secteurs pratiques de la vie humaine pour

1. La société de théosophie fut créée en 1875 par Helena Blavatsky, reprenant un terme utilisé par des auteurs de l'antiquité. Fortement lié à l'Inde, le mouvement regroupe dès son origine des philosophes spiritualistes occidentaux et indiens. Les théosophes modernes ont pour ambition d'insuffler un renouveau dans la spiritualité, en portant leur enseignement sur le noyau de vérités universelles commun à l'ensemble des religions. Leur devise est : « Il n'y a pas de religion supérieure à la vérité. »

y insuffler de nouvelles idées : art, architecture, éducation, médecine, religion, politique, économie et, bien sûr, agriculture. Il donne de nombreux cours et près de 6 000 conférences. L'esprit de réforme qu'il a insufflé est par exemple particulièrement visible dans le domaine de l'éducation, où l'on connaît les écoles Steiner-Waldorf : « L'ambiance révolutionnaire qui règne dans l'Allemagne vaincue des années 1918-1919 lui offre l'occasion de mettre en pratique ses idées sur l'éducation dans une nouvelle école. Le 7 septembre 1919, il inaugure solennellement pour 256 élèves issus essentiellement de familles ouvrières travaillant à la fabrique de cigarettes Waldorf-Astoria de Stuttgart (Allemagne), la première école libre Waldorf, établissement d'éducation mixte du primaire et du secondaire[1]. »

En juin 1924, il donne une série de huit conférences à Koberwitz, connues sous de nom de *Cours aux agriculteurs*, qui donne naissance à l'agriculture biodynamique. Rudolf Steiner décède l'année suivante, le 30 mars 1925.

---

1. Heiner Ullrich, Bureau international de l'éducation de l'UNESCO, 2000.

## Question n°28

# *Que signifie l'anthroposophie ?*

Bien que l'objet de cet ouvrage ne soit pas d'être un livre sur l'anthroposophie, il me semble important de fournir toutefois quelques explications à ce sujet. Cela permettra, je l'espère, de saisir avec plus de facilité l'arrière-plan et la logique avec laquelle sont conçues les pratiques biodynamiques.

Étymologiquement, le terme choisi par Rudolf Steiner vient du grec *anthrôpos*, l'homme, et *sophia*, la sagesse. Il s'agit donc certainement d'une philosophie centrée sur l'homme, ou partant de l'homme pour expliquer le monde. Souvenons-nous que Steiner venait de quitter la société de *théosophie* pour créer l'*anthroposophie* : le centre de gravité se déplace de Dieu à l'Homme.

Le *Dictionnaire universel des noms propres Le Robert*, définit ainsi l'anthroposophie :
« Anthroposophie : doctrine élaborée par Rudolf Steiner. Comme la pensée de Goethe qui l'influença de façon décisive, celle de Rudolf Steiner veut être "un chemin de connaissance qui tente de conduire du spirituel dans l'homme au spirituel dans l'univers". Ainsi dépassant le caractère exclusivement technique, matérialiste et destructeur de la science contemporaine qui, depuis Kant, se refuse l'accès à la connaissance de l'être même du réel, l'anthroposophie propose une compréhension de la nature humaine capable de lui rendre sa véritable place au sein du cosmos, "d'élargir et d'approfondir notre sens de l'action sociale, pédagogique et médicale". »

Que cela signifie-t-il concrètement ?

La première idée importante pour Steiner est la suivante : le vivant n'est pas uniquement de la matière au sens classique du terme. Le vivant est de la matière animée par une certaine forme d'énergie. Et c'est cette énergie qui fait la différence entre un caillou et une plante, ou un animal[1]. Car le vivant n'est pas exclusivement régi par les lois de la matière (physique, chimie…), il est aussi capable de se régénérer, ou de se reproduire. Mais cette énergie qui caractérise le vivant n'est pas directement visible à l'œil.

Cela nous conduit à sa deuxième idée essentielle : le monde sensible (ou monde matériel), tel que nous le percevons avec nos cinq sens et le décrivons avec la science matérielle, n'est pas le seul. Il existe également un monde que Steiner appelle suprasensible (ou monde spirituel), non accessible directement à nos sens, et que nous pourrions décrire avec une science à développer : la science spirituelle. C'est le sujet de son livre publié en 1910, *La Science de l'occulte.* Pour Rudolf Steiner ce monde suprasensible a longtemps été un domaine de croyances, religieuses ou autres. Mais il estime qu'à son époque, après le siècle des Lumières et le formidable développement de la raison, l'humanité doit passer à une nouvelle étape. Chaque homme doit, pour lui-même, faire sa propre démarche pour accéder au monde suprasensible, et non plus s'en remettre aux prêtres, aux mages ou aux dogmes. Sur ce point au moins, Steiner et Descartes partagent la même démarche : tout homme peut et doit juger de la vérité par lui-même, par ses propres lumières, au lieu de jurer sur les paroles d'un maître, quelle qu'en soit l'autorité.

Son ouvrage, *La Science de l'occulte,* formalise une approche rationnelle de la compréhension du monde suprasensible. « Ce dont il s'agit ici, c'est que par des moyens accessibles et appropriés à l'âme dans la période actuelle de l'évolution, on cherche à jeter un regard dans les mondes suprasensibles afin d'envisager de ce point de vue l'énigme de la destinée humaine et l'existence qui est celle de l'homme au-delà de la naissance et de la mort. Il ne s'agit pas d'une tentative qui porterait

---

1. Pourtant, Rudolf Steiner considère également le minéral comme vivant.

tel ou tel nom ancien, mais d'un effort pour atteindre la vérité », écrit Steiner[1]. Cette science spirituelle, comme il l'appelle, porte le nom de science car il s'agit d'une démarche de connaissance exacte et raisonnée de son objet d'étude. Cependant, à la différence de la science matérielle qui utilise exclusivement la pensée conceptuelle (cerveau gauche), Steiner pose l'importance des « imaginations » et des « inspirations » (cerveau droit). À la preuve par la démonstration des liens de causalité, il préfère la vérité de l'expérience intérieure pour chacun. Son instrument d'investigation n'est autre que l'homme lui-même… d'où l'anthroposophie.

1. Rudolf Steiner, *La Science de l'occulte*, préface de la 4e édition, Édition Triades Poche, 2005, p. 21 (traduction de Henriette Waddington et Katarina Appel).

## QUESTION N°29

# *Quel était le contexte de l'agriculture européenne à l'époque de la naissance de la biodynamie ?*

J'ai souvent entendu parler des « méfaits de l'agriculture ces cinquante dernières années ». Il faut pourtant rappeler que le problème est plus ancien, même s'il s'est certainement accéléré et généralisé durant cette dernière période. Certains hommes en avaient déjà pris conscience dans les années 1920. Donnons l'exemple de ces agriculteurs qui, ayant observé les effets destructeurs des techniques agricoles modernes sur leurs récoltes, sont venus chercher conseil auprès de Rudolf Steiner en ces termes : comment faire pour arrêter la dégénérescence des semences et de la valeur nutritive[1] ? Pour lui, le problème est très clair. « Au cours des dernières décennies on a vu dans l'agriculture dégénérer tous les produits dont l'homme fait sa nourriture, et dégénérer à une cadence extrêmement rapide[2] », écrit-il en 1924.

La fin de la première guerre mondiale a marqué l'introduction à grande échelle en agriculture de deux grands types de produits issus de la reconversion des usines d'armement : les ammonitrates (engrais minéraux) et les organophosphorés (dérivés des gaz de combat, qui donneront naissance à des insecticides puissants). Rien que d'un point de vue symbolique, il est frappant de constater qu'une bonne partie de

1. D'après Ehrenfried Pfeiffer, postface du Cours aux agriculteurs.

2. Rudolf Steiner, *Agriculture, fondements spirituels de la méthode bio-dynamique*, Éditions anthroposophiques romandes, 1924.

l'agrochimie s'appuie sur des connaissances générées à des fins militaires et dans le but de répandre la mort !

Les racines de cette tendance sont sans doute à chercher dans le siècle précédent, au cours de ce qu'on appelle la révolution agricole, puis dans la révolution industrielle qui lui a succédé. À ce titre, l'histoire de la viticulture est emblématique, car les principales pathologies viticoles ont fait leur apparition précisément à partir du milieu du XIX$^{e}$ siècle. Auparavant, il était tout à fait possible de cultiver la vigne sans acheter de produit de traitement à un marchand. Cette révolution agricole a vu l'apparition de techniques nouvelles, innovations étonnamment suivies quelques décennies plus tard de maladies nouvelles. Y aurait-il une relation ?

### ✪ Quelques dates clés

- **1847 :** apparition de l'oïdium en France (apparemment venu d'Amérique du Nord)
- **1863 :** apparition du phylloxera (provenant lui aussi d'Amérique du Nord). En moins de vingt ans, le vignoble français millénaire est décimé dans sa quasi-intégralité.
- **1878 :** apparition du mildiou (toujours d'Amérique du Nord). Aujourd'hui encore, le mildiou et l'oïdium sont les deux maladies les plus redoutées des viticulteurs. Le siècle et demi de lutte chimique n'a donc pas été très concluant.

Portons un instant notre attention sur une question plus profonde : outre les techniques nouvelles et la forte réduction du nombre d'humains travaillant dans les campagnes, les révolutions agricole et industrielle ont engendré un bouleversement des mentalités et une transformation profonde du statut de paysan. Cette période a vu la disparition du « bon sens paysan » au profit du progrès de la science matérialiste. Citons à ce sujet une interview de François Bouchet qui me touche beaucoup. François Bouchet fut en France le premier conseiller en Biodynamie pour la viticulture. Il y parle de ses débuts comme vigneron dans les années 1950 et de la paysannerie traditionnelle : « Les gens me disaient "moi, je fais comme ça, mais je n'ai pas d'explication. Vous, vous êtes allé à l'école, donc vous savez mieux que moi". Cette humilité du paysan m'a touché profondément et j'ai essayé au fond de sauver ce savoir perdu. » Il ajoute : « Contrairement à ce que l'on croit, ils n'avaient pas la moindre notion écologique. Ils ne savaient pas qu'ils empoisonnaient la nature. Ils ne savaient pas qu'ils s'empoisonnaient eux-mêmes. (...) Et ça a été extrêmement douloureux du fait que personne ne les a informés de ce genre de choses. Ils mettaient des engrais parce que "ceux qui savaient" leur disaient de le faire. Ils se sentaient une réticence vis à vis de tout cela, mais sans pouvoir la formuler. »

Les dernières pages du Cours aux agriculteurs de Steiner résonnent avec ces réflexions : « Or, si quelque chose peut aujourd'hui donner aux savants un peu de bon sens, c'est justement la "bêtise paysanne" : introduire dans la science un peu de cette "bêtise paysanne", c'est justement ce à quoi nous nous efforçons. »

## Question n°30

# *Que signifie le mot biodynamie ?*

Lors de son cours aux agriculteurs en 1924, Rudolf Steiner n'utilise pas le mot biodynamie, et il ne le fera probablement pas non plus entre cette date et son décès en 1925. Le terme lui est donc postérieur. Dans les premières années qui ont suivi les conférences de Koberwitz, le texte du *Cours aux agriculteurs* s'est peu diffusé. Steiner lui-même avait souhaité que son cours reste confidentiel pendant quelques années. Cela correspondait au temps minimum nécessaire pour mettre en pratique ses nouveaux principes et obtenir les premiers résultats crédibles. Seul un petit cercle d'agriculteurs anthroposophes présents à Koberwitz pouvaient alors travailler sur le sujet, en relation avec la section scientifique du Goetheanum. Ce cercle était composé uniquement d'agriculteurs car, pour Steiner, tout ce qui concerne l'application de l'anthroposophie à l'agriculture devait être abordé dans ses aspects les plus pratiques, et surtout ne pas rester au niveau des idées et de la philosophie. « Le succès de notre entreprise est lié à une condition qui a été soulignée avec rigueur et répétée à maintes reprises, à savoir que le contenu de ce cours reste pour le moment la propriété spirituelle des cultivateurs engagés dans la pratique, et qui composent ce cercle. En effet, il y avait là des personnes que l'agriculture intéressait mais qui, n'étant pas des professionnels, n'ont pas été admises dans ce cercle (...). Certains essais devront se poursuivre pendant quatre ans. Pendant ce temps, les suggestions pratiques qui ont été faites à Koberwitz ne sortiront pas des limites de la communauté agricole parce que ces choses ne sont pas faites pour qu'on se contente d'en parler, elles sont faites pour être effectivement mises en pratique dans la vie. »

Les textes des conférences ont été réunis dans un recueil initialement intitulé *Fertilisation biologique*, c'est-à-dire comment nourrir le sol en respectant les principes du vivant. Vers 1930, il est réédité sous le titre *Agriculture biologique et dynamique* qui met en avant le grand apport de cette technique : l'agriculture doit comprendre et intégrer les forces dont l'expression équilibrée permet la croissance saine des végétaux et des animaux (dynamique vient du grec *dunamis*, la force). L'expression s'est rapidement contractée en « agriculture biodynamique ».

L'agriculture biodynamique se construit à partir de l'impulsion initiale de Rudolf Steiner, mais a donc fortement été complété après sa mort par les recherches et les expérimentations de ses collaborateurs et de leurs successeurs. Comme nous allons le voir plus tard [☛ **QUESTION 31 : Que contient le cours aux agriculteurs de Steiner ?**], l'apport pratique de Steiner a essentiellement consisté en la réalisation de préparats à utiliser en complément de la fertilisation organique. Ces préparats ont pour vocation de réactiver les forces cosmiques, dont la terre et les plantes sont coupées à cause des pratiques modernes. Il a également donné des techniques de régulation par incinération des adventices et des insectes ou animaux nuisibles, même si en pratique leur utilisation est assez peu répandue. Parmi les chercheurs qui lui ont succédé, je citerai Ehrenfried Pfeiffer qui a mis au point la technique de cristallisation sensible, permettant de voir les progrès. Les travaux de Maria Thun ont également apporté une immense contribution concernant la compréhension de l'influence cosmique du moment. Ils ont donné notamment naissance à la publication du fameux calendrier des semis. Elle a également mis au point une nouvelle préparation (dite compost de bouse M.T.), de la même manière que l'on doit au biodynamiste australien Alex Podolinsky la nouvelle préparation 500 P.

## Question n°31

# *Que contient le cours aux agriculteurs de Steiner ?*

Le *Cours aux agriculteurs* est la retranscription écrite du contenu des huit conférences données par Rudolf Steiner du 7 au 16 juin 1924 à Koberwitz, à partir de notes sténographiées. L'édition comprend également les séances de questions-réponses qui ont suivi les conférences, ainsi qu'un compte-rendu rédigé par Steiner le 20 juin lors de son retour à Dornach. Il ne s'agit donc pas d'un manuel d'agriculture en tant que tel, rédigé et complet. Il est important de garder ce point en tête afin de conserver un œil critique durant la lecture du cours aux agriculteurs. Steiner a lui-même tenu à rédiger un avis au lecteur insistant sur ce fait : « Le contenu de ces publications était destiné à la communication orale, non à l'impression. (…) Il faudra seulement s'accommoder du fait que dans ces sténogrammes, que je n'ai pas revus, il se trouve des erreurs. »

Je vais maintenant détailler les grandes idées exposées par Rudolf Steiner au cours de chacune de ses huit conférences. La présentation et l'explication de l'intégralité de leur contenu nécessiterait un livre complet, aussi je me contenterai ici de mettre en lumière quelques idées principales.

### ✪ Première conférence

Selon Steiner, l'agriculture s'est engagée sur une voie sans issue avec l'omniprésence du raisonnement scientifique matérialiste, la perte de l'instinct paysan, la généralisation des engrais chimiques et des méthodes industrielles. La démarche anthroposophique, celle de la science spirituelle, peut nous apporter l'élargissement de pensée nécessaire dans notre façon de considérer la vie des plantes, des animaux et de la terre. Il faut commencer par redonner son importance à l'influence du cosmos sur la culture. En effet, le Soleil, la Lune, les planètes et les étoiles lointaines influencent le vivant. L'humain s'est partiellement émancipé de cette relation, mais elle reste particulièrement forte avec les végétaux. Ainsi, la plante pousse en fonction d'un champ de forces cosmiques qui, bien que non accessible aux sens, n'en est pas moins réel. Steiner le compare au champ magnétique qui oriente l'aiguille aimantée de la boussole : impossible de comprendre son fonctionnement « si l'on cherche dans l'aiguille elle-même la raison pour laquelle elle s'oriente d'une façon si particulière ». Il faut au contraire élargir sa vision et prendre conscience de l'influence de l'ensemble du globe terrestre par le biais de son champ magnétique.

Cela implique également de changer son regard sur la géologie et la manière dont elle influence le vivant. Steiner explique que les forces cosmiques et terrestres sont diffusées et transmises à la plante par deux minéraux de polarités opposées : la silice et le calcaire. Le calcaire est en rapport avec les forces de croissance et de reproduction. Au contraire la silice, qui compte pour plus d'un quart de la substance de l'écorce terrestre, est le vecteur des forces cosmiques lointaines : forces de structure et de limitation. On peut s'entraîner à observer la manifestation de la proportion relative de ces deux pôles dans les formes et les couleurs de telle ou telle plante. Un élément médiateur permet d'assurer les échanges entre ces deux forces opposées : c'est l'argile. C'est le concept de tripartition cher à Steiner : deux polarités et un médiateur, que l'on retrouve dans toute son œuvre, qu'elle concerne la santé, l'économie ou encore l'éducation, et que je ne développerai pas ici.

## ❂ Deuxième conférence

Steiner revient sur le rôle de la silice et du calcium et leur lien avec les planètes et les forces cosmiques. Il expose deux idées fondamentales. La première touche à la notion d'individualité agricole ou d'organisme agricole : il considère que la terre, et en particulier un domaine agricole, est comparable à un organisme autonome et devrait « tendre à devenir une individualité qui se suffise à elle-même ». Autrement dit, « une exploitation saine devrait pouvoir produire sur son sol tout ce dont elle a besoin ». Dans cette optique, l'animal joue un rôle indispensable à la préservation de cet équilibre, notamment grâce au fumier qu'il donne et qui viendra fertiliser en retour le sol produisant les plantes qui l'ont nourri.

La seconde s'intéresse à la germination, moment où la plante est la plus réceptive aux forces cosmiques. Une forme de chaos en miniature se produit dans la graine au cours duquel les forces cosmiques du moment marquent de leur empreinte la future plante. C'est également le rôle de la dynamisation biodynamique qui crée une chaotisation rythmique. Celle-ci est particulièrement utile pour les plantes qui ne repassent pas par la graine (comme la vigne par exemple), car elle facilite la reconnexion avec le cosmos [☛ **QUESTION 12 : Qu'est-ce qu'une dynamisation ?**].

## ❂ Troisième conférence

Dans cette conférence, Rudolf Steiner donne un véritable cours de biochimie vue par le biais de la science spirituelle. Il reprend les éléments atomiques principaux (carbone, azote, oxygène, hydrogène, soufre) et explicite pour chacun d'eux son rôle dans le vivant. Le carbone, brique de base de la structure du monde matériel organique, supporte le processus d'incarnation du spirituel (le monde des idées) dans la matière. Le soufre est le sculpteur, l'architecte du carbone. L'oxygène permet de vitaliser le carbone et lui insuffle les forces éthériques (celles responsables de la croissance végétale). L'azote est le véhicule des forces astrales (celles qui distinguent l'animal du végétal). L'hydrogène, le plus léger, est le médiateur. Je ne développerai pas ici ces questions passionnantes, mais le point de vue qu'elles apportent sur l'agronomie renouvelle totalement notre manière de considérer les pratiques culturales actuelles.

### ❂ Quatrième conférence

Il y est question de la gestion de la fumure. Rudolf Steiner explique que l'approche conventionnelle, qui raisonne en quantité d'éléments, ne suffit pas. Le point essentiel de la fertilisation est de parvenir à compenser les forces de vie prélevées dans le sol par la plante et exportées lors de la récolte. Or, les engrais minéraux sont dépourvus de forces de vie. Par définition, le minéral n'est pas vivant et ne va jamais augmenter les forces de vie d'un sol, au contraire. Seuls les engrais organiques peuvent apporter ces forces de vie, qu'elles soient végétales ou animales. Il convient donc de faire particulièrement attention au mode de préparation du compost afin d'y conserver un maximum de ces forces.

Puis Steiner donne la recette de deux préparats utiles pour compléter l'action de la fumure et afin d'agir sur les deux forces complémentaires décrites dans la première conférence. L'un active l'action des forces de croissance, l'autre celle des forces de structuration. Le premier, appelé bouse de corne (ou plus tard préparation 500), est un mini-compost élaboré dans une corne de vache à partir de bouse, maturé dans la terre puis dynamisé. Le second, dit silice de corne (ou préparation 501), est une corne de vache remplie de poudre de silice, et qui subit un processus similaire.

## ❂ Cinquième conférence

Dans cette cinquième conférence, Steiner complète la question de la fumure en expliquant comment préparer le compost. Il donne la liste de six autres préparations à y incorporer afin d'activer toutes les forces liées aux minéraux principaux. « Ce qui importe ici, ce n'est pas seulement de lui incorporer les substances dont nous croyons qu'il les lui faut pour les introduire dans les plantes, ce qui importe, c'est de lui apporter des forces vivantes. » Ces compléments sont l'achillée millefeuille pour le processus potassium (préparation 502), la camomille pour le calcium (préparation 503), l'ortie pour le fer (préparation 504), l'écorce de chêne également pour le calcium (préparation 505), le pissenlit pour le silicium (préparation 506), et la valériane pour le phosphore (préparation 507).

## ❂ Sixième conférence

Steiner approfondit la question de la vie de la plante et des maladies, parasites végétaux ou animaux, dont souffre l'agriculture. Selon lui, contrairement aux animaux et aux humains, la plante ne peut pas tomber malade par elle-même. Sa maladie ne peut être que le reflet d'un déséquilibre dans son environnement.

La vie de la plante dépend en effet des influences extérieures, et en particulier des deux grandes forces complémentaires – et en un sens opposées – décrites dans la première conférence. D'une part, les forces de croissance et de reproduction sont les forces de la Terre, fortement stimulées par la Lune, surtout en présence d'eau. D'autre part, les forces de structuration, de limitation et de fructification (la fructification est synonyme pour la plupart des plantes d'un arrêt de croissance, c'est pourquoi le fruit est si riche en forces de vie) sont sous influence cosmique lointaine (Mars, Jupiter, Saturne). Pour une vie saine des plantes cultivées, toute la question est d'arriver à maintenir le juste équilibre entre ces deux types de forces. Par exemple, si les forces terrestres sont trop importantes à cause d'une Lune forte (autour de la pleine Lune) et d'un excès d'eau dans la terre (fortes précipitations), alors il s'en suit que « la partie supérieure de la plante devient une sorte de sol qui sert à d'autres organismes. S'y installent parasites et champignons ». Steiner nous livre ici un des raisonnements essentiels de la biodynamie : pour lutter contre de nombreuses maladies des plantes, il faut souvent rééquilibrer un excès de forces de croissance. Cela peut se faire soit en stimulant les forces cosmiques de limitation, soit en consommant les forces de croissance excédentaires. Il en donne un exemple par l'utilisation des tisanes de prêle. Avec cette compréhension de la maladie, la lutte fongicide moderne est inutile car nécessairement vouée à l'échec sur le long terme.

### ✪ Septième conférence

La septième conférence est un véritable cours d'écologie de l'environnement vu à travers l'angle énergétique, c'est-à-dire du point de vue de l'équilibre des forces décrites ci-dessus. Steiner commence par rappeler que dans la nature tout est lié. Aussi on ne peut pas raisonner sur une culture ou une parcelle indépendamment de son environnement proche et plus lointain. Il explicite les relations subtiles qui existent entre les champs, les vergers, les prairies d'élevage et la forêt, ainsi que le rôle des insectes, des vers de terre et des oiseaux, entre autres. Un exemple : un des rôles des oiseaux dans l'environnement est de participer à la diffusion des forces astrales, en particulier depuis les forêts vers les champs. Il écrit : « Il s'est ainsi opéré une véritable division du travail dans la nature entre l'entité oiseau et l'entité papillon, et elles collaborent merveilleusement à répartir l'astralité dans une juste proportion, que ce soit à la surface du sol ou dans les airs. » Ce qui est vrai au-dessus de la terre l'est aussi en-dessous de la terre, avec par exemple les vers de terre et les larves.

## ✪ Huitième conférence

Le cycle de conférences s'achève sur la fonction de l'alimentation en s'intéressant à la fois à la nourriture du bétail et aux conséquences de l'alimentation chez l'homme. Là encore, Steiner porte sur ces sujets un regard nouveau et atypique.

Il commence par rappeler que la digestion est un processus de déconstruction de l'aliment. Pour lui, cela signifie séparer la substance et l'énergie, qui ont chacune une fonction propre au sein de l'organisme. Il est donc important que l'aliment soit « vivant » et qu'il ne contienne pas que de la substance, mais aussi de l'énergie, c'est-à-dire qu'il contienne des forces de vie, terrestres et/ou des forces de fructification, cosmiques.

Or, il existe deux processus complémentaires. Le premier est l'alimentation terrestre : ce que nous ingérons dans notre tube digestif par la bouche. Ce processus de digestion va fournir d'une part l'énergie pour notre système métabolique (activité des muscles, des organes), et d'autre part la substance constitutive de notre système neurosensoriel (cerveau, nerfs). Le second processus est l'alimentation cosmique : ce que nous absorbons dans l'air ambiant à travers toute notre peau et par nos sens. Elle est complémentaire de l'alimentation terrestre et nous procure l'énergie pour notre système neurosensoriel et, par un processus de densification, la matière constituant notre système métabolique. Cela rejoindrait-il le point de vue de ces gens qui disent pouvoir « se nourrir de lumière[1] » ?

1. Peter Arthur Straubinger, *Lumières*, film documentaire autrichien, Jupiter production, 2010. Enquête sur le thème : peut-on survivre sans prendre de nourriture ni d'eau pendant des semaines, des années voire des décennies ?

Steiner conclut son propos en rappelant à quel point l'agriculture est fondamentale, car étant à la base de toute vie humaine. Elle conditionne non seulement la santé et les activités physiques des hommes, mais également leur vie psychique et sociale. Il donne l'exemple de la consommation généralisée de tomate ou de pomme de terre : « La pomme de terre a aussi (…) un comportement indépendant au point de (…) pénétrer dans le cerveau et de le rendre indépendant (…). Et si les hommes et les animaux sont devenus matérialistes depuis l'introduction de la pomme de terre en Europe, c'est entre autres qu'ils consomment trop de pommes de terre, précisément. (…) Cette interdépendance de l'agriculture et de la vie sociale dans son ensemble à une importance sans bornes. »

## Question n°32

# *Les biodynamistes sont-ils une secte ?*

Revenons aux origines du mot secte, de *secta* en latin (du verbe *sequor*, suivre), autrement dit la voie que l'on suit. Ce sens fait penser à la notion de voie en Extrême-Orient, que ce soit dans les arts martiaux (kendo, aïkido, judo, kung-fu chinois...), dans l'art (la calligraphie), ou le service du thé. Chez les orientaux, il évoque plus un chemin de développement dans son ensemble (physique, moral et spirituel) de la personne qui passe par l'apprentissage et la maîtrise d'une technique. Dans ce sens, sans doute la biodynamie pourrait être qualifiée de « voie de l'agriculture ». Pourquoi pas ?

Mais dans son acception actuelle en France, le mot secte, devenu péjoratif, désigne un groupe d'individus dogmatiques au discours obscur et ésotérique, voire dangereux. Ce qui n'est bien sûr pas le cas de la biodynamie, même si je conçois tout à fait que certains aient pu ressentir une forme d'incompréhension, ou la crainte d'un retour de l'obscurantisme, face à des expressions telles que « forces astrales » ou « calendrier cosmique ». J'espère que la lecture de ce livre vous offrira les clés pour appréhender ces termes, et permettra à chacun de les fréquenter sans réaction excessive.

En fait, aujourd'hui en viticulture, très peu de biodynamistes sont des anthroposophes purs et durs. Ce sont avant tout des hommes de la terre, des paysans pragmatiques qui recherchent surtout une méthode efficace pour résoudre les impasses de l'agriculture moderne. Les biodynamistes ne forment donc pas une secte, mais plutôt une somme d'individus libres, ayant souvent une forte personnalité. Un ami passionné de vin, très cartésien, m'a récemment confié qu'il n'était pas très intéressé par la biodynamie en tant que telle, mais qu'il avait remarqué que les vignerons en biodynamie avaient tous des personnalités singulières et fascinantes, et cela suffisait pour lui à rendre la biodynamie passionnante.

## Question n°33

# *Rudolf Steiner buvait-il du vin ?*

La petite histoire veut que Rudolf Steiner ne boive pas de vin. Du moins c'est ce que l'on rapporte. Mais reprenons le raisonnement à partir du principe développé dans la huitième conférence et selon lequel on deviendrait ce que l'on mange, ou plutôt on serait constitué de ce que l'on digère [☛ **QUESTION 31 : Que contient le cours aux agriculteurs de Steiner ?**]. Son corollaire direct est que l'alimentation a une influence pour chaque individu aux niveaux physique ainsi que psychique, et même spirituel, et par conséquent une influence collective sur le fonctionnement social des groupes d'individus. De ce point de vue, quel est le rôle spécifique de l'alcool ? Steiner évoque ce point à plusieurs reprises, notamment dans ses conférences relatives à la religion chrétienne (en effet le vin y a une place centrale, dans l'Eucharistie pendant la messe). Selon lui, l'alcool contribue à rendre le Moi plus indépendant. En ce sens, son action fut positive durant les derniers millénaires car il aidait l'Homme à développer une plus grande autonomie intérieure. Mais de nos jours, la situation est différente. Il faut veiller à ne pas aller trop loin car, maintenant, le Moi humain est devenu tellement autonome qu'il s'est coupé de la nature et du cosmos. « C'était le rôle de l'alcool de faire descendre l'homme dans le monde matériel jusqu'au point où il deviendrait égoïste, et n'utiliserait son Moi que dans une logique individuelle, et que ce dernier ne servirait plus à l'ensemble de la nation (…). L'alcool a ôté à l'homme sa capacité à se sentir un avec l'Univers. » Ou encore : « L'alcool agit comme une imitation intérieure du soleil. (…) Il interfère maintenant avec le Moi. » C'est pourquoi Steiner considère qu'un homme peut plus facilement mobiliser les forces de son Moi pour une recherche qui dépasse sa simple personne, s'il s'abstient de consommer de l'alcool : « Celui qui cherche l'initiation doit atteindre le plus grand calme. Cela exclut l'utilisation de tout stimulant, spécialement l'alcool. »

Cette théorie explique que certains biodynamistes intransigeants aient vu d'un mauvais œil l'application de la biodynamie à la vigne. Cela ne posait pourtant apparemment aucun problème à Steiner de donner des conseils pratiques spécifiques pour la culture de la vigne (conduite de la vigne, question du phylloxera…). De plus, le raisin serait extraordinairement concentré en forces cosmiques. Le processus réalisé par la fermentation concentrerait encore plus les forces de fructification et les rendrait disponibles pour l'homme, faisant du vin un aliment exceptionnel.

Finalement, c'est une belle ironie de l'histoire que la biodynamie se développe aujourd'hui très majoritairement par la culture de la vigne et du vin, et puisse par ce biais toucher le grand public.

## Question n°34

# *Qu'est-ce que le Goetheanum ?*

Le Goetheanum, siège mondial de l'anthroposophie, est un immense bâtiment conçu par Rudolf Steiner lui-même et nommé ainsi en hommage à Goethe. Situé au sommet d'une colline à Dornach, en Suisse près de Bâle, le bâtiment actuel est en fait le second Goetheanum, construit sur les ruines du précédent. Les travaux du premier Goetheanum ont débuté en 1913, sur un terrain donné par un membre de la société anthroposophique. Il fut inauguré en septembre 1920. C'était un grand édifice en bois, formé d'une double coupole, et contenant une salle de théâtre de 900 places. Un incendie criminel le détruisit dans la nuit de la Saint-Sylvestre 1922. Rapidement, Steiner a travaillé à la construction d'un second Goetheanum, encore plus grand. Il en conçoit les plans en 1924 et la structure est édifiée entre 1925 et 1928, après sa mort. À l'époque le lieu est un véritable temple de l'architecture organique, et un des tout premiers bâtiments de cette taille en béton armé en Europe. Il contient deux salles de spectacle (de 1 000 et 450 places), une bibliothèque, des bureaux et des salles de cours et de conférence. Lors de son inauguration en 1928, le bâtiment est encore brut. Il le restera jusqu'en 1970, car les travaux de finition ne s'achèvent véritablement qu'en 1998. L'art anthroposophique s'y exprime de toute part : architecture, sculptures, peintures, vitraux, représentations de théâtre et de danse, etc.

Aujourd'hui, le Goetheanum héberge le siège du mouvement anthroposophique dont il est la vitrine, ainsi que le lieu de rassemblement pour les congrès. Il abrite également l'École de science spirituelle, qui est divisée en différentes sections correspondant aux disciplines pour lesquelles Rudolf Steiner a apporté une impulsion de renouveau : médecine, agriculture, pédagogie, sciences sociales, arts plastiques, arts de la scène... Le Goetheanum est donc un lieu de recherche et d'échanges s'approchant de ce que l'on pourrait appeler l'université de Steiner et où l'on peut étudier tout au long de sa vie.

C'est un bâtiment fascinant, dont je recommande vivement la visite, d'une part pour prendre conscience du vaste champ d'investigation de Steiner, et avant lui de Goethe, et dont la biodynamie constitue une toute petite partie. D'autre part pour ressentir les idées de Steiner au travers de l'ambiance, l'architecture, et l'art. Il s'agit d'une expérience globale, très complémentaire de la lecture de ses écrits.

## Question n°35

## *Après la biodynamie, quelles sont les prochaines étapes de la viticulture ?*

Revenir au contexte de création de la biodynamie permet de mieux comprendre pourquoi elle représente une bonne méthode de culture, probablement la meilleure actuellement disponible, pour retrouver ce qui a été perdu avec le développement de l'agrochimie moderne. En renouant avec les énergies subtiles de la nature, il devient possible de cultiver des plantes saines, équilibrées et nourrissantes sans détruire le sol et l'environnement.

Cependant n'oublions pas que la biodynamie n'est pas un but en soi, mais plutôt une voie, un cheminement [☛ **QUESTION 32 : Les biodynamistes sont-ils une secte ?**]. En ce sens, j'ai observé qu'une fois engagé dans ce mode d'agriculture, il est difficile de revenir en arrière. Très peu de vignerons arrêtent la biodynamie après plusieurs années, et c'est encore plus rarement le cas quand la biodynamie est pratiquée avec conviction et pas pour des raisons commerciales. En effet, ce qui est découvert ne peut plus être occulté, ce qui est compris l'est pour toujours. Je dirais même que, au-delà d'une simple technique, la pratique de la biodynamie peut être vécue par certains également comme un chemin de développement de la personne. La pratique sincère et motivée de la biodynamie conduit souvent le vigneron à suivre un développement intérieur, par les questions qu'elle pose à l'agronomie moderne, par les limites qu'elle pointe, par les prises de conscience qu'elle génère concernant la compréhension des maladies et de la santé. Dans les dix prochaines années, nous allons voir naître du creuset de la biodynamie, née dans le contexte du début du XXe siècle, des voies d'approfondissement appropriées au XXIe siècle.

Voici quelques nouvelles pistes de développement que j'ai pu observer chez les vignerons précurseurs. Ce sont souvent des techniques ancestrales, mais comme redécouvertes récemment.

### ✪ La botanique goethéenne

Rudolf Steiner a remis sur le devant de la scène cette approche plus ancienne fondée sur l'observation sensible des plantes afin de percevoir les forces s'exprimant au travers elles. En se reliant à la plante chacun peut, par une forme de communication, en saisir les déséquilibres et les besoins.

### ✪ La géobiologie

Il s'agit de l'étude de l'impact du sous-sol, et plus largement de tous les phénomènes telluriques (présence de roche mère, failles, eau souterraine, réseaux…), sur le vivant. Ce savoir, utilisé par les anciens pour toutes leurs constructions (habitations et surtout lieux de culte) est peut-être ce qui a permis aux moines de délimiter avec autant de précision les clos du vignoble bourguignon.

### ✪ La bioénergie

Originellement développée pour l'homme dans un but thérapeutique, son principe est d'effectuer un soin sur le corps énergétique avant que le déséquilibre constaté à ce niveau ne se manifeste plus lourdement par une pathologie dans le corps physique. Les plantes ont également un corps énergétique, dont on peut mesurer l'intensité et l'équilibre.

### ❂ LE FENG SHUI

Littéralement « vent et eau », cette science chinoise englobe la géobiologie et s'intéresse autant aux espaces naturels qu'aux constructions humaines pour lesquels elle est le plus connue. Son application à la construction des caves permet de garantir une ambiance harmonieuse propice à la vinification et à l'élevage des vins. Les architectes occidentaux modernes avaient perdu ce savoir-faire des anciens, et le redécouvrent au travers de cette sagesse orientale.

### ❂ LES TECHNIQUES INFORMATIONNELLES

Comme pour l'homéopathie, une information peut être transmise par la matière indépendamment de toute notion de réaction chimique ou physique quantitative. L'eau (et donc le vin qui est constitué à 85 % d'eau) y est particulièrement réceptive. Je recommande à ce sujet la lecture des travaux du japonais Masaru Emoto, concernant l'influence de la pensée sur la structure de l'eau[1]. En cave, cette approche est une piste prometteuse pour remplacer l'arsenal des produits de l'œnologie moderne.

Je pourrais en citer encore d'autres, car ce ne sont pas les expérimentations qui manquent. Avec la large diffusion de la biodynamie, la voie est maintenant ouverte, et les pistes pour continuer le chemin sont riches et variées.

1. Masaru Emoto, *Le Miracle de l'eau*, Éditions Guy Trédaniel, 2008.

# *Conclusion*

Cher ami lecteur, nous voici arrivés au terme de notre parcours ensemble sur le chemin du vin et de la biodynamie. Je vous souhaite de poursuivre cette route par vous même, à l'aide des éclairages que vous aura, je l'espère, apporté ce livre. Mais avant de nous séparer je voudrais partager avec vous encore une dernière idée.

C'est dans la notion d'énergie que réside la différence majeure entre la biodynamie et l'agriculture conventionnelle. Alors que l'une la prend en compte, l'autre l'ignore complètement. Il est fascinant de constater que ce clivage n'existe pas dans la culture orientale où le *chi* est encore une réalité acceptée par tous. Le feng shui parle du *chi* de la terre, et du *chi* du ciel. Lors d'un voyage en Asie en 2011 avec ma compagne, qui est praticienne et enseignante en feng shui, nous avons pu échanger à ce sujet avec une experte en thé. Sa définition du feng shui pour la culture du thé correspondait exactement à ce que nous appelons terroir pour le vin ! Faut-il donc prendre en compte l'énergie du lieu pour comprendre complètement la notion de terroir ? Je me souviens à ce propos d'une discussion passionnante avec l'écrivain et cinéaste Georges Bardawil au restaurant Lameloise, véritable temple de la gastronomie bourguignonne, qu'il conclut ainsi :

« La biodynamie est une excellente technique de culture pour faire circuler les bonnes énergies du terroir, et certainement la meilleure disponible actuellement. »

Cette vision énergétique, et je dirais même spirituelle, de la nature n'est pas réservée aux orientaux. Par le passé très profondément ancrée dans notre culture occidentale, elle ne demande qu'à rayonner de nouveau.

Elle était ainsi très forte chez les moines bénédictins et cisterciens qui ont délimité les terroirs bourguignons. J'en ai pris conscience lors d'une dégustation avec un moine orthodoxe du nom de Frère Jean. Pour cet ancien reporter-photographe international, « la nature est un livre ouvert à ceux qui cultivent la terre de leurs mains ». Sa religion : chacun peut faire l'expérience concrète du spirituel au travers des actes simples en lien avec la nature, comme jardiner, éplucher une carotte[1]...

Même en occident, cette compréhension énergétique de la nature que cherche à formaliser la biodynamie n'est pas réservée à quelques moines ou aux mystiques. À ceux qui restent sceptiques, je rappellerai seulement ces mots d'Albert Einstein :

« La réalité n'est qu'une illusion, bien que très tenace. »

À chacun de décider de rester prisonnier d'idées dépassées ou bien de s'en libérer. Les seules idées que l'on peut juger certaines sont celles que l'on a expérimentées pour soi-même, préconisait Descartes. Mais cela doit être fait sans aucun préjugé et en toute honnêteté intellectuelle. Car, comme le dit plus proche de nous le grand physicien américain Richard Feynman, « le premier principe, c'est de ne pas se duper soi-même ; or, vous êtes la personne la plus facile à duper ».

À l'heure de la domination généralisée de l'agrochimie et des OGM, voici la petite voix de la biodynamie qui cherche à se faire entendre. Elle passe par le vin pour atteindre nos sens et nous toucher au plus profond de nous-mêmes.

---

1. Frère Jean, *op. cit.*

# *Bibliographie*


BARDAWIL Georges, *Une promesse de vin*, Éditions Minerva.

BOUCHET François, *Cinquante ans de pratique et d'enseignement de l'agriculture bio-dynamique – comment l'appliquer dans la vigne*, Deux versants éditeur.

BOUCHET François, *Interview par Luc et Marie Boussard*, Janvier 2005, www.deuxversants.com.

BOURGUIGNON Claude et Lydia, *Le Sol, la terre et les champs*, Éditions Sang de la Terre.

DESCARTES René, *Méditations Métaphysiques*, 1641.

DESCARTES René, *Les Principes de la Philosophie*, 1644.

FRÈRE JEAN, *Le Jardin de la foi*, Presses de la Renaissance.

JOLY Nicolas, *Le Vin du ciel à la terre*, Éditions Sang de la terre.

KEYSERLINGK von Adalbert, *La Naissance de l'agriculture bio-dynamique*, Éditions Novalis.

LEPETIT DE LA BIGNE Antoine, *What's so special about biodynamic wine ?*, Éditions Floris Books.

MASSON Pierre, *Guide pratique de la bio-dynamie à l'usage des agriculteurs*, Édition Mouvement de culture bio-dynamique.

MASSON Pierre, *Agenda biodynamique lunaire et planétaire*, Biodynamie Services.

RIGAUX Jacky, *Le Terroir et le Vigneron*, Éditions Terre en Vues.

RIGAUX Jacky, *La Dégustation géo-sensorielle*, Éditions Terre en Vues.

STEINER Rudolf, *Agriculture, fondements spirituels de la méthode bio-dynamique (Cours aux agriculteurs)*, Éditions anthroposophiques romandes.

STEINER Rudolf, *La Science de l'occulte*, trad. H. Waddington et K. Appel, Éditions Triades.

STEINER Rudolf, *Dionysos et la conscience du moi*, Éditions Triades.

STEINER Rudolf, *L'initiation ou comment acquérir des connaissances sur les mondes supérieurs*, Éditions Triades.

THUN Maria et Matthias, *Calendrier des semis bio-dynamique*, Mouvement de culture bio-dynamique.

THUN Maria et Matthias, *When wine tastes the best: a bio-dynamic calendar for wine drinkers*, Éditions Floris Books.

Dépôt légal : juillet 2022
Publié précédemment sous le même titre, deuxième trimestre 2012.
Ancien ISBN : 978-2-86985-364-5

Achevé d'imprimer par Typo'Libris en juin 2022.
*Imprimé en UE*